JN114763

地域経済と流通

松井 温文 編著

五絃舎

はしがき

　テレビ、新聞、雑誌など、多様な媒体に地域の活性化という用語がみられる。そこで「地域」という用語の意味を今一度確認したい。一般的に地域は一定の地理的な範囲を示す用語に過ぎない。そのような用語をあえて使用する理由は実際に意味する内容が暗黙の了解を得るものだからである。それぞれの地域は過去の歴史的過程を経て形成されたものである。その結果または現状に対して、「活性化」という用語は活性化させなくてはならない、または、活性化させたいという意味や願いが含意されていると考えられる。地域が経済的にも社会的にも潤いを得ることは地域住民の精神的な豊かさ、特にその土台となる生活に対する安心感につながる。

　過去と比較して、衰退または停滞がみられる地域の活性化を図ることは基本的な課題である。過去の歴史的経緯を踏まえた上での活性化、または、超歴史的な視点からの活性化、どちらであっても、地域住民の精神的な面へのアプローチが欠かせない。地域住民を巻き込むような工夫がひとつの鍵となる。

　この課題解決のための柱は有形の商品である物財やサービス商品であるサービス財の生産とその価値を実現するための流通にあるとわれわれは認識する。

　まず、編者のわがままな企画を寛容に受け入れて頂き、御協力下さった諸先生方に心より感謝申し上げます。また、本書の出版をご快諾頂き、格別の御支援を賜りました株式会社五絃舎の長谷雅春社長に深く御礼申し上げます。

2023 年 4 月 8 日

執筆者を代表して　松井温文

目　　次

序章　市場の理解

　実践にあって、経営管理者もしくはマーケティング担当者は市場の様相を基礎として、物財やサービス財、または、それらの価値を実現するための販売促進活動や流通経路の決定を行っている。市場は戦略や戦術策定の前提条件となる。また、体系性を重視する理論研究の立場からすれば、社会環境要因も含めた市場は森下二次也を代表とするマーケティング経済論にみられる機能的アプローチ[1]の社会体系をなす。流通・マーケティングの理論と実践の両領域において、市場の理解は必須である。

　不安定で流動的な今日的市場は経済主体の運動の明確化を困難にする。流通・マーケティングにあって、例えば、重商主義時代の商業、産業革命以降自由競争段階における商業、独占段階における商業、それぞれに「商業」という用語が付されているものの、商業の機能は異なったものに変質する。もちろん、ある個別の商業者が複数の時代をまたいで存在するという事実があっても、その商業者を取り巻く商業一般の社会経済的な役割が異なったものであると理解することは継続的発展を望む実践主体にとって欠かせない。それは商業の存立根拠が売買の社会化であることからも理解される[2]。異なる領域にある自然科学であっても、例えば、人類の進化に関する研究は進化そのものを発見することに止まらず、それがなされた必然性を解明することによって、その内容を応用可能なものに発展させる。

　マクロ的視点から我が国における今日的市場の性格はどのようなものなのかを理解するために、経済学領域における研究成果の紹介から始める。

　流通・マーケティングの研究者である白石善章は市場の性格の規定または変

---

1)　森下二次也『マーケティング論の体系と方法』千倉書房、1993年、1-20、187-226頁。
2)　森下二次也『現代商業経済論 改訂版』有斐閣ブックス、1977年、1-16頁。

化について、社会的経済的分析の必要性を唱えた。ある行動やシステムが安定
的に機能することによって、制度が形成される。繰り返せば、市場は広く普及
し、永続性をもった思考や行為の方法が定着したものであり、ある集団や社会
の慣習に埋め込まれ、秩序が与えられる。また、市場はその土台となる機能要
件の変化の影響を受ける[3]。

　市場の制度は消費者への商品の販売局面を分析することによって、その内容
が明らかになる。ヨーロッパの市場システムの歴史をみれば、当初から商人
の社会的有用性を誰もが認めるものの、彼らに対する社会的評価は低かった。
それはキリスト教的思考が市場の制度に強く影響していたからである。商人
Godric は終生神に身を捧げ、蓄財を貧者に分け与えたことによって、聖人の位
が与えられた[4]。そのような影響を受け、聖 T. Aquinas はスコラ経典に商業に対
する新しい解釈を投じた。その後、キリスト教の信者としての彼らの行動は一
般化し、市場取引における虚偽、詐欺行為を商人自らが創り出した制度によっ
て大きく改善した。その結果、商人は聖職者に次ぐ知識人として広く認められ
るようになった[5]。

　市場の性格に関する根本的な問題について、P. Koslowski の見解を紹介する。
経済秩序としての資本主義は厳密な意味にあって、市場経済を分析することに
よって明らかとなる。資本主義的な経済秩序を社会全体と認識する、倫理や価
値を分析から捨象する研究姿勢に異議を唱える。それは道徳哲学を出発点とす
る経済学の歴史性を放棄するからである。D. Bell は資本主義の危機的兆候は
経済の根本的機能の問題ではなく、快楽主義が生産領域における規律と欲望放
棄の要求に対立的に現れることにあると主張する[6]。経済は経済法則だけでなく、

---

3)　白石善章『市場の制度的進化-流通の歴史的進化を中心として-』創成社、2014 年、5、6 頁。

4)　大黒俊二『嘘と欲望-西欧中世の商業・商人観-』名古屋大学出版会、2006 年。高橋理「フィンチャ
　　ルの聖ゴットリックとその時代-中世ヨーロッパにおける商業復活の解明に寄せて-」『立正史学』
　　第 93 号、9-26 頁。宮松浩憲『金持ちの誕生』刀水書房、2004 年、470 頁。

5)　白石、前掲書、71-94 頁。

6)　D. Bell, *The Cultural Contradictions of Capitalism*, New York, 1796.

人間の意思と選択における期待、規範、態度、道徳的表象の総体だからである。[7]

　前近代社会にあって、経済的行為は宗教、家族や政治と密接な関係があった。資本主義の発達はそのような関係からの解放であり、疎外の過程であった。資本主義における道徳性はそのものの程度ではなく、ある時点での資本主義が人間によって相応しい経済秩序であるのかどうかという点を分析することによって得られる。繰り返せば、経済の機能と人間の自己実現の可能性から導き出される。[8]

　資本主義の発達は利潤動機を尊敬されるべき人間の動機に位置付け、それを経済活動の原動力として承認した。それは経済的成果に即した身分システムと社会的評価、それに基づく社会的階層分化を強力に推し量った。M. Weber が述べるように、そのような資本主義は社会的・文化的な、普遍的な目的ではなく、任意の個人的目的を達成させようとする。社会と経済は価値合理的ではなく、形式的合理性が支配する目的合理的に機能する。[9]契約の自由は副次的作用としての道徳的外部性を低下させた。繰り返せば、資本主義は契約者相互の道徳的状況を考慮した外的効果による取引の決定を排除することになった。[10]

　一般市場均衡の機械論モデルである O. E. Williamson にみられる取引費用の削減[11]であっても、行為選択肢に関する倫理を無視できず、道徳的ルールを必要とする。[12]

　「消費者主権は、あらゆる社会的・審美的な基準に基づく欲求を解放し、成り上がり者の贅沢を人格的で簡素な生活と同じように通用させる。市場は、実り多き技術革新に対する褒賞や準地代という莫大な富の蓄積によって、一方では社会的障壁を取り除き、他方では経済的な不平等をもたらす」[13]。この過程に

---

7)　P. Koslowski, *Ethik des Kapitalismus*, Mohr Siebeck, 1995.（鬼塚雄丞・松浦克己・松原隆一郎・山脇直司・橋本努訳『資本主義の倫理』新世社、1996 年）、9-13 頁。
8)　同上、13-15 頁。
9)　M. Weber, *Wirtschaft und Gesellschaft*, Tübingen, 1972, S. 44/45.
10)　Koslowski、前掲邦訳、19-26 頁。
11)　O. E. Williamson, "Firms and Markets." in S. Weintraub, et al., *Modern Economic Thought*, Philadelphia, 1977.
12)　Koslowski、前掲邦訳、66 頁。
13)　同上、76 頁。

あって、「多くの無意味な欲求に対する道徳的な責任は、新しい財を提供しようとする大企業にのみ負わされるものではなく、消費者の模倣衝動と威信願望にも負わされるべきである[14]」。「資本主義に対するすぐれた批判は、同時に民主主義批判でもあり、ひいては、消費者主権を分別ある仕方で人々が用いることができないことに対する批判でもある[15]」。成熟社会にあって、膨大に存在する財に対して、選択の自由の限界効用が低下するため、我々は自由を感じにくい。膨大な選択可能性は少な過ぎるそれと同様に不快を生じさせるからである。それ故、資本主義の理論は社会哲学の助けを必要不可欠とする[16]。

　契約における自由や市場取引における秩序・制度について、F. A. Hayek の見解を紹介する。「実用主義的態度は、発展に対するわれわれの支配力を増大させるどころか、実際、誰も望んでいなかった事態へとわれわれを導いたのであった。そして、われわれが原理を顧みないことの唯一の結果は、われわれが空しくも無視しようとする事物の論理によって、われわれが支配されていることであるように思われる[17]」。

　「真の個人主義は第一次的には社会の理論、すなわち人間の社会生活を規定する諸力を理解する試み[18]」である。A. Ferguson によれば、「『諸国民は、人間の行為の結果ではあるが人間の設計の結果ではない諸制度に出会わす[19]』」。偉大な業績『国富論』にあって、個人主義の功績は悪事が最小限に抑制される体制を求めたことにある[20]。家族の価値観、所属する共同体や集団の共同の努力を肯定すること、そのような社会における伝統と慣習が個人主義的社会を機能させる。我々は設計者が明確に存在せず、誰もその理由を理解し得ない社会の産物に従うようになる[21]。

14) 同上、78頁。
15) 同上、80頁。
16) 同上、89-92頁。
17) F. A. Hayek 著（田中真晴・田中秀夫訳『市場・知識・自由－自由主義の経済思想－』ミネルヴァ書房、1986年）、2、3頁。
18) 同上、7頁。
19) A. Ferguson, *An Essay on the History of Civil Society*, 1767, p.187.
20) Hayek, 前掲邦訳、13頁。
21) 同上、28、29頁。

　B. Mandevilleの主張は「社会の複雑な秩序のなかでは、人間の行為の結果は、彼らが意図したものときわめて異なること。諸個人は、利己的であれ利他的であれ、自分の目的を追求して、予想もしなければたぶん知りさえもしない、他人に有益な結果を生みだすこと。そして最後に、社会の全秩序とさらには私たちが文化と呼んでいるすべてのものは個人の活動の結果であって、個人の活動は、そうした結果を目的として念頭に置いていないが、しかし、これまた意識的に発明されたのではなく、有益とわかったものが生き残ることで成長した制度や慣習や規則によって、そうした目的に役立つように導かれるのだということと、以上である[22]」。

　「競争は本質的に意見の形成の過程である。すなわち、われわれが経済システムをひとつの市場として考えるときに前提している、経済システムのあの統一性と連関性を、競争は情報を広めることによって創り出すのである。競争は、何がもっとも良くもっとも安いかについて、人びとが持つ見方を創り出す。そして人びとが、すくなくとも、いろいろな可能性と機会について現に知っているだけのことを知るのは、競争のおかげである。競争はこのようにして、与件における連続的な変化を含む過程であり、それゆえに競争の意義は、与件を不変として取扱うような理論によって、完全に見失われてしまう他ないのである[23]」。

　経済成長が生み出す民主主義にみられる社会問題を分析したF. Hirschの見解を以下に紹介する。具体的には三つの視点、豊かさの矛盾、分配視点の強調、不本意ながらの集産主義の相互関係とそれらの根源的問題を分析する。消費水準が高まれば、個人的側面としての消費に占める社会的側面が増加する。言い換えれば、消費に対する満足は自らが行った消費行為だけでなく、他人による消費行為にも大きく影響される。その延長線上にあって、成果の競争ではなく、地位の競争が激化する。その競争は究極的に全ての人に対する死重的費用を生じさせる。相対的に高い教養を有する人は魅力ある職業的・社会的機会に恵まれるため、高度な教育サービス市場が拡大する。そのような社会にあっ

22）同上、106、107頁。B. Mandeville, *Proceedings of the British Academy*, Vol. LII, London, 1967.
23）Hayek、前掲邦訳、98頁。

て、経済的自由主義が想定していた消費者の選択肢の拡大とは真逆に、それが
縮小するだけでなく、その代価はより高くなる。多様な選択は少数の人に限定
され、多くの人が緊張と欲求不満に陥る。経済的自由主義の発展はそれ自体に
被害をもたらす。優れた効率主義は知識と意思決定の分権化能力によるもので
あり、人間の本能的性質である利益の極大化を志向する行動として表れるが、
A. Smith が前提していた条件を喪失させる。[24]

　近代成長経済学の創始者である R. Harrod は経済的飽満の分析によって、弁
別された民主的富と特権的富の視点から、逆説的に経済成長の神話に疑問を呈
した。[25]物的経済は投入された労働量に対する生産の増加を志向するものであり、
民主的富に該当する。それに対して、特権的富となる局地的経済は絶対的な、
社会的な制約を受ける。局地財は全体的所得の増加がみられても、物財での表
現形態としての有効需要拡大の関係から価格がせり上がる傾向となる。[26]

　教育に関する資格証明書は雇用主側にとって、採用の選別機能を果たす。し
かし、証明書が氾濫するようになれば、その機能を低下させる。ただし、教育
に関して、特に優れた能力に対する証明書は過去にあった支配的権威を喪失す
ることがなく、相対的な価値を高めることにもなる。それに対して、絶対的優
位性を確保できない一般的な教育の証明書が大部分の人に発行された場合、そ
れに起因する個人の生涯所得格差を喪失させる。証明書の氾濫は高校の卒業証
書で十分であった職務が大学の卒業証書を要求するようになる。そのような段
階にあって、教育は防衛上の必要手段に、それを受けなかった場合の損失を回
避するための消極的手段に過ぎなくなる。資格証明書のインフレーションは雇
用主側に過分な費用を生じさせると同時に、就職を希望する側の期待を裏切る
ことになる。[27]

24）F. Hirsch, *Social Limits to Growth; A Twentieth Century Fund Study*, Harvard University Press, 1976.（都
　　留重人監訳『成長の社会的限界』日本経済新聞社、1980 年）、6-23 頁。

25）R. Harrod, "The Possibility of Economic Satiety; Use of Economic Growth for Improving the Quality of
　　Education and Leisure," in *Problems of United States Economic Development*, New York: Committee for
　　Economic Development, 1958, p.I.

26）Hirsch, 前掲邦訳、54、55 頁。

27）同上、80-87 頁。

　S. B. Linder によれば、消費行為に費やすことのできる時間的限界から、豊かさが増加すると悩みも増加する傾向が生じる。すなわち、購買される財の増加により時間が稀少化する。消費行為に対する限られた時間の分散を検討する行為そのものが悩みになる。時間の確保を図るため、自らが行っていた行為・活動を外生化することは選択肢のひとつであるが、対象とする財の消費行為のために余分な費用が投入されることは実質的にその財の価格を引き上げることになるという悩みを生じさせる。そのような状況に陥った消費者は同時に複数の行為・活動を行うことを模索する[28]。G. S. Becker は時間に対するプレッシャーが時間集約的財に代わる時間節約的財の購入を促進することを示した。例えば、時間的制約を受け、テニスを選択するために床屋での快適な髭剃りを諦め、髭剃りシェイバーを購入したとする。このような場合、テニスから得られた純粋な満足から床屋で得られたはずの満足または得られなかったことに対する不満足をある程度差し引いたものが実質的な満足となる。また、時間集約的財である床屋でのサービスを時間節約的財であるシェイバーが代替する。テニスをするためのシェイバーは手段的な中間的消費であるが、国民経済計算ではそれを控除できない。そのため豊かさの尺度は適切さを欠く[29]。それだけでなく、時間の稀少化は時間を多く割く必要がある人間関係における友好的態度を衰退させる。その顕著な表れは核家族化や友情に関する社交的関係の希薄化である。時間を費やす消費と局地的競争はますます時間の稀少化を促進させる[30]。

　Marx の意図する「商品物神崇拝」は資本主義における社会的関係が商品交換の介在により隠蔽されることを示す商品の概念的位置付けを説明する。それに対して、Hirsch が提唱する「新商品物神崇拝」は物財やサービス財が日常生活に不当に拡大する偏りを強調する。それは「商業化効果」に接近する。ただし、それは局地的競争をする消費者に限定されたものである。消費者は財それ自体のみからではなく、その中に体化されている多様な要素も加わった全体か

28）S. B. Linder, *The Harried Leisure Class*, Columbia University Press, 1970.

29）G. S. Becker, "A Theory of the Allocation of Time," *Economic Journal*, September 1965, p.508.

30）Hirsch, 前掲邦訳、127-133 頁。

ら効用を得る。それだけでなく、他の財との組み合わせによってさらなる効用が生じる可能性がある。また、財の効用はそれが用いられる際の環境条件からも派生する[31]。

　経済成長は所得・富・経済支配力の分配において、経済的社会的資源の絶対的競争ではなく、相対的競争におけるその人の位置付けに規定された分配をする。それは逆に言えば、局地財の消費は相対的消費における自分の位置付けに関心を示す結果として、その位置付けによって左右される[32]。相対所得に関する研究成果は豊富にあるが、その中にあって、R. A. Easterlin は所得と幸福感を代理する生活の満足度との関係において、最高の所得層は最低の所得層と比較して、自分たちはより幸福であると感じている。それは金銭的心配がないことに起因することを明らかにした。ただし、各国間での所得と幸福との間には相関関係は存在せず、また、同一国内における時間的に隔たりのある時点間の相関関係もみられない[33]。

　小括すれば、「国全体の生産性が上がると、それに伴って、以前にはもっと低い所得でも達しえられたいくつかの満足を確保するために、個人が必要とする所得は大きくならざるをえない。疑いもなく、国民生産性が上がると、ほかの種類のもの、とくに物財は入手しやすくなるだろう。しかし、このような物財の増加は、それに伴って、相対的地位に依存する満足への需要の増加をもたらし、そしてその需要が満たされないことからくる欲求不満を生じさせるだろう。このことは、欲求不満が商品の余分にふえた分を相殺してしまった、ということかもしれない[34]」。

　最後に、経済的個人主義は本来、道徳的宗教的な基盤の上に成立するものであり、慣習や教育なども含めた派生的な抑制に従うことを前提とした制度であ

31）同上、142-144 頁。
32）同上、170-171 頁。
33）R. A. Easterlin, "Does Economic Growth Improve the Human Lot?" in P. A. David and M. W. Reder, eds., *Nations and Households in Economic Growth: Essays in Honor of Moses Abramovitz*, Stanford University Press, 1972.
34）Hirsch, 前掲邦訳、188 頁。

り、その中にあって、利己心の追求は何ら問題にならない。しかし、現代的自由主義は利己心の追求そのものが制度化されてしまい宗教的要素を経済領域から締め出すに至った。人を善良な社会的存在にならしめるための手段たる宗教的機能が放棄された。その機能は利他主義的であるかの如く行動することが利己的な目的の達成を可能にする。自己中心の行動を規制するために税金や補助金ならびに法的制限が設けられなければならなくなった。しかし、そのような行動規制は過分な費用の投入を必要とするものであり、根本的な問題解決には至らない。[35]

　N. Xenos によれば、現代アメリカの都市にみられるスラム街の飢餓は一般的な事柄、稀少性の表れとして認識される。豊かさが一定程度に到達した今日、絶対的欠乏から相対的欠乏へと移行した。それと同時に、豊かな人びとも貧しい人びとも満たされない欲求を生じさせている。それは欲求には限界があるとの想定を覆した。我々は豊かさの中から稀少性、言い換えれば、欲求と欲望を創造する社会で生活するからである。[36]

　そのような社会を形成する土台は商業や政治における変化が地位や階級を流動化させたことにある。産業革命の中心であったロンドンは消費者革命の中心地となった。地方のジェントリーによる上層貴族の模倣は都会の文化や流行が地方へ伝播する役割を担った。その後、地方紙への広告や最新商品を品揃えした常設店舗が設置され、地方住民にもそれらが手の届く範囲に狭められた。さらに、消費者への意識操作の開発が進んだ。例えば、新しいデザインに高値を付けることで高級品であると感じさせた。あるデザインが市場に浸透すると同時に、需要の弾力性を利用するため、新しいデザインを市場に導入し、新たな流行を生み出した。A. Smith は欲求と欲望を必需品と趣味という概念で説明した際、人間は美と多様性の愛好に支配されているため、必需品だけでなく、趣

35）同上、228-232 頁。

36）N. Xenos, *Scarcity and Modernity*, Routledge, London and New York, 1989.（北村和夫・北村三子訳『稀少性と欲望の近代 – 豊かさのパラドックス – 』新曜社、1995 年）、1-9 頁。

10

味も兼ね備えた商品を求めると述べた[37]。それは欲求と欲望の境界線を不明確にする[38]。

　そのような消費者の欲望を支える共感の概念について、D. Hume によれば、人は見たモノとその所有者を関連付ける。富を象徴するモノをとおして、その地位にいる自分を想像する。そのような精神状態はある人が想像する人に対して共感していると表現される。財産が与える喜びは直接的なものだけでなく、他者からの尊敬を受けるという間接的なものも合わせた二重の喜びとなる[39]。それゆえ例えば、田舎の邸宅で美術収集品を公開するという慣習が広がった。模倣的競争は物質的不平等の存在と社会階層を昇る可能性のある人びとへの認知が前提となる。出自が富の直接的な表れとなることが少なくなった結果、識別力のない大群衆は富それ自体を注目するようになる。貴族を模倣したジェントリーから中産階級に、威信のための消費が急速に拡散した。稀少性の発見者である Hume によれば、社会的自我が欲求を満たそうとするため、貧弱な手段しか持ち得なかった人間は自然の残酷さを分業社会の形成によって克服した。しかし、その社会はさらに発展すると同時に、不足を増加させる。自然的欠乏が社会の起源を説明し、社会的稀少性が正義の起源とその必要性を説明する[40]。J. J. Rousseau によれば、未開人は自分自身の中で、社会人は他人の判断のみから自分自身の存在感情を得ている。幸福は自然人には存在する欲望とそれを満たす力の均衡にあり、創造力は不幸の根源である。不幸は所有するモノの不足にあるのではなく、欠乏を感じる欲望のうちにある。生産力増強の副産物である知的能力の発達は文明の進歩に貢献しないのである[41][42]。

　豊かさと稀少性は概念を共有する。「あるモノの稀少性がそれらの贅沢品と

37) A. Smith, *Lectures of jurisprudence*, ed. R. L. Meek, D. D. Raphael, and P. G. Stein, Oxford: Clarendon Press, 1978, p.488.
38) Xenos, 前掲邦訳、11-19 頁。
39) D. Hume, *A Treatise of Human Nature 2nd ed.*, ed. L. A. Selby-Bigge and P. Neddich, Oxford: Clarendon Press, 1978, p.357.（大槻春彦訳『人生論（三）』岩波文庫、1962 年）、125 頁。
40) *Ibid.*, pp.484-501.
41) J. J. Rousseau, *Discourses and Essay*, pp.150-199.（原好男訳『人間不平等起源論』白水社、1991 年）。
42) Xenos, 前掲邦訳、22-45 頁。

しての地位を決定するのではなく、それらの贅沢品としての地位がそれらを稀少なものにするのだ、ということである。流行を社会的に支えていくためには、流行の先端を行く人を他のすべての人々から引き離しておくために、何か新しいモノを捜し求める必要がある。あるモノが稀少でありさえすれば、必ずそれが欲望の対象になるというわけではない。他人に差をつけたいという欲望が、何かユニークなモノを捜し求めるようにと突き動かすのである。モノの価値は、その稀少性ではなく、その稀少性にそなわった、所有者にとっての社会的意味にだけあるのだ。より正確には、モノの価値は、それを所有する個人あるいは集団が、その所有ということに与える社会的意味にあるのである。・・・流行に組み入れられたモノが稀少になるのは、一部の人しかそのような特殊な方法で誇示するだけの、スタイルに対する明敏さを持っていないからである。この意味で、流行をつくる人々は、どんなときでも、彼らが流行させるモノ自体とは独立に、稀少資源を持っているのである」[43]。「私たちが望みうる最善のことは、近代を支配するこの稀少性という概念から私たちの精神を解放することであろう。しかし、稀少性がもたらすことのすべてを理解することは、私たちが自ら課した奴隷状態から自由になるための、第一歩である」[44]。

　ここ数年の価格の動向をみると、デフレーションからスタグフレーションに移行していると言えよう。デフレーションは先進諸国にあって、日本だけが経験するものであり、他に例をみない名目賃金の引き下げによる可処分所得が低下する特殊的労働市場の形成がそのひとつの要因である[45]。アメリカやイギリスにみられるインフレーションも深刻であるが、同じ資本主義社会のようにみえて異なった経済状況に陥る根本的な要因を考えることは精神的な豊かさを得るために重要である。

　一局面のみ考察しておこう。明治維新以降、急速に進められた西欧化はその

43）同上、134、135頁。
44）同上、163頁。
45）吉川洋『転換期の日本経済』岩波書店、1999年。吉川洋『構造改革と日本経済』岩波書店、2003年。
　　吉川洋『デフレーション』日本経済新聞出版社、2013年。

経済的恩恵とは対称的に、日本独自の制度や文化を否定する方向に動かした。本来、他の制度の受け入れは従来の制度との調和を図る過程が、または、受け入れることが困難な部分に対して、それを拒絶する態度が必要である。無検討な制度の受け入れは危険である。

　ひとつの例として、成果報酬制度の導入は年功序列賃金制度の根幹を揺るがす契機を与えた。従来、生活への安心を担保し、ライフ・スタイルの段階的変化に対応した妥当な給与を得ることに社員が満足していた。[46] それに対して、成果報酬制度は給与が強調され過ぎるため、会社への帰属意識を低下させ、一致団結して会社の成長を支えようとする日本独自の社員行動を弱めた。今日、成果報酬制度が定着しているようには思えない。[47] しかし、その爪痕は深く刻み込まれた。成果報酬制度はコスト削減政策に転換されたためである。その派生として、契約社員や派遣社員など、正規雇用労働者とは明確な給与格差のある労働者を大量に生み出した。名目賃金の引き下げは日本独自の労働者の意識が反映された歴史的文化的結果であるのに対して、非正規雇用労働者の急速な拡大は労働市場での超歴史的構造的問題を生じさせている。転職による給与の増額が構造的に困難な彼らは将来への不安を加速度的に増加させる。平均給与の低下の改善が期待されないため、購買意欲は強固に抑制される。それは市場の縮小に直接圧力をかける。需要の縮小は寡占的製造企業の競争をますます激化させ、その解決手段として、マーケティングをより洗練させる[48] と同時に、そのための費用を追加的に投入させる。寡占的製造企業は生産過程でのコスト削減が難しい場合、流通過程にそれを求める。コスト削減の流通過程への転化は流通を担う経済主体全体の収益を低下させる。しかし一方で、それは規模の経済、流通過程における独占化によって、解決されることもある。[49] 原材料の海外調達はその好例であり、総合商社への依存度がますます高くなる。[50] 非常に苦しい経

46）宮坂純一『報酬管理の日本的展開−賃金とモチベーション−』晃洋書房、1989 年。
47）宮坂純一『賃金と働き方−日本型企業社会の内実−』晃洋書房、2019 年、107-180 頁。
48）拙稿「高度に洗練されたマーケティング」松井温文編『平成・令和にみる経済現象』五絃舎、2021 年。
49）秦小紅「卸売業の構造変化」松井温文編『現代商業経営序説』五絃舎、2020 年。
50）拙稿「卸売企業の躍進」松井温文編『現代流通序説』五絃舎、2022 年。

済状況下であるにもかかわらず、流通にかかわる大手企業は収益を増加させ、社員の給与を増額している。大手企業と大半を占める中小零細企業との給与格差はますます広がる。アメリカにみられる所得の二極化に接近する。日本の場合、総中流意識が形成されることによって、少しの差が生み出す大きなライバル意識が基盤となっていた衒示的消費や依存効果が十分に機能しなくなる。

過去にみられた経済成長の源泉は外国から取り入れた技術を日本独自の制度や慣習を土台に、価値を生み出したことにある。それが他に例をみない急速な成長につながるひとつの要因となった。単純に、誠実に仕事をするだけでなく、会社の成長のために全社員が協力する姿勢に成功の秘訣があった。[51]

宗教的な側面は分析での偏りを指摘される可能性が高くなるため、まずは武士が支配した封建制度を分析する。イギリスでは貴族の生活様式や慣習が下の階層に模倣を介して伝播した。もうひとつ重要な点は階層間の移動が可能であったことである。それゆえ、模倣の意義があった。それに対して、明治維新以降、階層間の移動が可能になったものの、日本人が模倣した対象は従来の制度における上層ではなく、西洋から取り入れられた文化や習慣であった。そのことがイギリスにおける歴史的過程とは大きく異なった内容を形成した。制度的に伝播すべき最上階の内容は例えば、武家社会であれば、文武両道や主従関係がその代表的なものであるが、衒示的消費にみられるような優雅さや贅沢[52]はみられない。また、貴族文化が模倣の対象になることもない。さらに、天皇・皇族は特別な存在であり、日本人の規範的対象であり、全く相容れない。制度的な枠組みを超えて、著名な企業経営者の多くは日常生活が質素であり、対象外となる。制度的な根拠を全く持たない模倣行為であったと言えるだろう。

その結果、終身雇用制度の魅力を企業側が強調していた時代、若者は将来の起業を夢見ていた。近年、アメリカ型のリストラが多発するようになり、終身

51) E. F. Vogel, *Japan as Number One*, Harvard University Press, 1979.（広中和歌子・木本彰子『ジャパン・アズ・ナンバー・ワン−アメリカへの教訓−』TBS ブリタニカ、1979 年）。
52) T. Veblen, *The Theory of Leisure Class: An Economic Study in the Evolution of Institutions*, New York, 1899.（小原敬士訳『有閑階級の理論』岩波書店、1961 年）。

雇用制度が部分的に存続していても、非正規雇用労働者の積極的な導入による
経費削減が多くの企業で実施されるようになり、若者はひとつの企業に長く勤
めたいと感じている。この時間的経過にみられる逆方向の活動と思考は直上で
述べた根本的問題に深く関係している。十分に検討することなく受け入れた制
度・文化・思考に対して、我々は違和感を感じ始めているのではないか。

　そのような状況にあって、物質的な豊かさの追求から精神的な豊かさを模索
する動きがみられるようになった。例えば、可処分所得の低下を少しでも抑制
しようと、日々節約する消費者であっても、こだわりの対象に限定した積極的
な消費行動がみられる。筆者はそれを「消費の二面性」と呼ぶ[53]。それは岩永忠
康が「生活必需品等の購買にはより価格を重視するようになっている。しかし、
他方で趣味・余暇関連商品については一定以上の品質が保たれた自らの価値観
に適合したブランド品ないし高級品を購買するといった行動も珍しくなくなっ
てきている[54]」と述べた内容に接近する。岩永の指摘する高級ブランド商品は衒
示的消費や依存効果[55]にみられる他者との社会的地位を巡るまたはみせかけの
消費ではなく、個人の価値観またはこだわりへの純粋な消費対象と認識される。
国産の古い自動車やオートバイを総称する旧車が好例である。生産時点におけ
る稀少性のある自動車やオートバイではなく、大量生産されたそれらは時間の
経過に伴い残存台数が減少することによって、稀少性が高まることは理解され
る。しかし、その販売価格が新車価格よりもかなり高く、旧車を比較的頻繁に
見かけることから、残存台数に対する需要が非常に高いことは明白である。単
純な稀少性ではなく、旧車の魅力そのものが高く評価されるからである。古民
家再生店舗にみられるこだわりへの消費も注目に値する。日本の伝統建築様式
による古民家はその機能的使用価値が時間の経過に伴い低くなり、耐震構造上
の問題から、建て替えられることが多くある。しかし、一部の人々にその良さ

---

53) 拙稿「消費の二面性」松井温文編『平成・令和にみる経済現象』五絃舎、2021 年。

54) 岩永忠康『現代の商業論−日本小売商業の理論・問題・国際化−』五絃舎、2014 年、27 頁。

55) J. K. Galbraith, *The Affluent Society*, Boston: Houghton Mifflin, 1958.（鈴木哲太郎訳『豊かな社会』岩波書店、1960 年）。

が理解され、再生され、活用されている。この動きが今後も継続することは疑う余地がない。公的機関でも古民家再生を積極的に行い、活性化の基盤にしようとしている。古民家再生は古き良き財産に魅力を感じ、単純に復元することではなく、オーナーの感性が対象化または抽象化され、芸術性が付加された建造物に創り変えられることを意味する[56]。古民家再生店舗は建物そのものの歴史性に加えて、芸術性や店主のこだわりのある料理・商品・サービスに対して、価値観を共有する消費者が集まり、コミュニティを形成する。このコミュニティはある店舗の店主や消費者だけでなく、競合する店舗、物理的に離れた店舗の店主や消費者も巻き込む力強さがある。近代化に伴い弱まるコミュニティにおける連帯感、共同の精神、そして、所属による安心がそこにはある。古民家再生店舗にみられるコミュニティにおけるコミュニケーションや交流などの社会的交換は直接的に精神的な豊かさを示すものである。それに対して、旧車の購入が一般的な理解における衒示的消費という性格のものとは全く異なることは明白であるものの、それが精神的な豊かさにどのようにつながるのかという点を考察する。旧車を所有するひとは所有それ自体に満足するのではなく、それを使用することによって、また、それを介在させたコミュニティに所属することによって、精神的効用を得ているからである。それは古民家再生店舗にみられるコミュニティ[57]と同様であり、日本の歴史的産物に対する魅力を共有すると同時に、その魅力に関するコミュニケーションを介した連帯感・価値観の共有に対する安心感の醸成が精神的な豊かさを生み出していると筆者は認識する[58]。

　日本にみられるサービス経済化は精神的な豊かさの指標としては適切でない構造的問題がある。それはサービスの生産に対する労働の価値が過度に低いことがそのひとつである。さらに、サービス領域における分化は商業経済論にみられる専門化を意味する純化ではなく、結果として、費用削減を意味する内容

56）菊森智絵・松井温文「地域活性化と古民家再生」松井温文編『平成・令和にみる経済現象』五絃舎、2021 年。
57）菊森智絵「空堀商店街における町屋再生−約 10 年を経て−」『地域活性研究』第 9 号、2018 年。
58）菊森智絵・松井温文「古民家再生施設と商業集積」松井温文編『現代商業経営序説』五絃舎、2020 年。

となっているからである。旧車や古民家再生店舗の事例とは異なった動きとして、精神的な豊かさをサービスに対する消費に求めるのではなく、繰り返せば、サービスをより多く購入するのではなく、例えば、サービスを自らが消費するために生産する、または、社会的交換としてのコミュニケーションを楽しむ人びとが増加している。すなわち、それらは費用が発生しない、国民総生産に数量的に影響を及ぼさないものである。家族による家庭内設備の DIY（Do It Yourself）や家庭菜園、ソーシャル・ネットワーク・サービスを利用したコミュニケーションなどである。そのような活動も先述した内容と同様に、何かに所属することによって得られる安心感が精神的な豊かさの柱になっているのではないか。

第1章 地域経済における流通の意義
—実践性の視点から—

はじめに

　地域経済、より具体的には経済活動に陰りがみられる地方のさらに特定地域の活性化を図るために、流通の役割は重要である。特に、経済活動は経済的側面だけでなく、社会的側面へ影響を与える。物質的な豊かさが充足した次の段階にある精神的な豊かさは社会的側面での充実が鍵となる。序章で述べたように、サービス経済化という経済現象は我が国にあって、精神的な豊かさを示す指標としての妥当性が十分に確保できないからである。

　本章では、疲弊する地方の特定地域における社会的影響を重視しながら、流通の経済活動の意義を実践性の視点から試論を述べたい。社会的な影響力は例えば、地域コミュニティ内の結束力、共同意欲、価値観の共有などが良好な方向へ増進されることによって確認されるものとする。[1]

第1節 地域内流通の理解

　地域内流通について、筆者の認識を明確にする理由は地域活性化が余りにも困難な課題だからである。例えば、ひとつの成功事例の単純な適用での効果を期待することはできない。それは実践される現場の環境要因が、抽象化された表現としての社会体系が異なるためである。

---

1)　定量的分析ではなく、定性的なより経験的な分析によるが、現代社会にあって、路地裏にみられる文化・習慣・風習がそれらに近いものと筆者は認識する。井口勝文『イタリアの小さな町－地方が元気になるまちづくり－』水曜社、2021年。西村幸夫『路地からのまちづくり』学芸出版社、2006年。

　抽象化された議論は実践的有用性が低いと批判されるものの、本質と非本質の弁別こそが実践活動の順序づけを与える基準になることを忘れてはならない。

　その最初の手続きが対象の明確化である。特定地域内にある流通の担い手が経済活動の範囲をその地域外に求める。また、地域住民の精神的な豊かさはそのような経済活動からも影響を受ける。そうではあるが、冒頭で述べたように、流通の担い手の社会的な影響に重点を置きつつ、それに深くより直接的に関係する経済活動に焦点をあてようとするため、活動の範囲を特定地域内に限定する。ただし、その地域特性を個別具体的に明確化するものではなく、抽象化されている。

　本章において、基本的に生産から消費に至るまでの物財やサービス財の流れが特定地域内で完結するような流通を地域内流通とする。地域内で生産された商品を地域外で販売する活動は地域内活動の延長線上にあるものと位置付ける。

　社会的変化を誘発するために、地域内流通が活発化すること、地域市場そのものが拡大することが重要である。そのためには価値を生み出す労働、生産的労働の増加に伴い、商品の価値実現に向けての不生産的労働が増加し、それらの結果として、地域内住民の購買力が高まることを予定する。

　地域内流通の効率化を図るために、例えば、サプライチェーン・マネジメントの活用・応用は大規模市場においては一般的であっても、ここでは妥当ではない。このシステムは全体を管理するための費用が投入されなくてはならず、規模の経済を土台とするものであり、低価格競争を想定したものだからである。逆に、非効率的流通システムが形成されたとしても、その過分な費用が地域内に生じるのであれば、経済的な問題は何ら生じないからである。低価格志向型の社会からの脱却、それは価値重視型社会[2]への転換を前進させる可能性があるからである。

　地域内資源の発掘がその鍵を握る。生産的労働や流通労働を担う既存の主体

---

2)　P. Koslowski が資本主義の根本的問題を指摘すると同時に、価値を中心に据える社会の素晴らしさを説明する。P. Koslowski, *Ethik des Kapitalismus*, Mohr Siebeck, 1995.（鬼塚雄丞・松浦克己・松原隆一郎・山脇直司・橋本努訳『資本主義の倫理』新世社、1996 年）。

に止まることなく、潜在的な主体の発掘が重要となる。そのような活動・行動は地域内住民も巻き込む相互関係を強化するものとなり、活性化に向けての統一的な目標に対する協力的行動が自然に形成されるからである。対面での交流が複雑に交差し、多様な情報が地域内で共有されるためにも地域の限定は重要となる。

第2節　価値形成の重要性

　筆者が推奨する流通業者の適切な利益確保に関する実践的書物は広く一般的な理解と異なる。実務書の対極をなすかのような原理論の代表森下二次也の研究成果「商業経済論」それである。理論と実践は乖離するものであり、それを媒介させるための実践的性格の強い理論が活用されることは理想的である。それゆえ、ここに筆者がその媒介理論を記述しようとするものではない。紹介する内容は非常に基本的であり、理論に関する基礎知識を習得していない者であっても容易に理解できるからである。原理論は抽象論ではあっても、本質のみが抽出されたものであり、核となる部分が理解できれば実践的有用性はある程度確保されるからである。流動的で不安定な市場に直面する主体は本質を捉えることこそが重要だからである。実務の世界では、特に、流通にかかわる業者は消費者に接近した存在であり、過度の功利主義的要望がなされることが頻繁にある。それへの柔軟な対応はサービス・マーケティングの視点から理解されるものではあるが、その行為・活動が売上高の増加を過度に優先するため、流通業者が本来担うべき社会的役割を削り取ることになってしまうかもしれない。そのような危険性を少しでも回避するため、原理論で記述された内容を常に意識しながら活動することが重要となる。

　原理論を実践に還元する際、逆説的な解釈も重要となる。商業経済論は今日一般社会において理解される流通論、商業論、商業学とは異なったものである。商業経済論は商業の特殊性を導き出すために歴史的発展を段階的に、経済学に従って分析したものである。抽象化された商業者の活動は現実にみられる活動

の一部を説明するに過ぎないとも読み取れる。非本質が実践現場において日常
的であることも頻繁にある。それは本質を分析するため、非本質を捨象したか
らである。流動的で不安定な、デフレーションからスタグフレーションに移行
しそうな我が国経済にあって、本質的な活動を遂行するためにも原理論の理解
が求められる。

　実際の市場において、資本を形成しない（資本の大規模化を目指さない）経済
主体（業者）が多くの部分を占めている。そのため、資本という概念で説明す
る理論は本来実践的説明として、不適当である。そうではあるが、本章が対象
とする経済主体の規範的行動を抽出するため、便宜上使用する。

　商品は産業資本（生産活動）と商業資本（販売活動）を通過する必要がある。
産業資本は生産的労働による価値（価格）形成過程であり、商業資本は不生産
的労働による価値の実現（消費者への販売完了）過程である。両資本がひとつの
経済主体に統合されることもある。例えば、それはパン屋やカフェのような
ショップ形態である。しかし、市場の大規模化に伴い、分化（分離独立）した
状態、例えば、製造業者と卸売業者・小売業者という構造が一般的となる。こ
こで重要な点は少なくとも商品が存在しなければ、その流通の担い手となる商
業資本は成立しないということである。それは経済的な優劣ではなく、商品流
通における必須条件に過ぎない。[3]

　結論は簡単であり、価値を創り出すことが最重要であるということである。
商品の存在によって、価格が形成され、商品の販売によって、製造業者や商業
者が利益の分配を受けるためである。製造業者や商業者で勤める多くの地域住
民はその分配が多くなれば、また、それが今後継続的に得られるという安心感
が生まれれば、積極的に購買を行おうとする。そのような一連の流れは地域内
市場の実質的な拡大を図るという良循環を形成する。

　就労する地域住民の割合が超高齢社会によって低下するという報道がある。
たしかに、それは事実ではあるが、商品が増加することによって、現在勤労し

---

3)　森下二次也『現代商業経済論 改訂版』有斐閣ブックス、1977 年。

ていない人びとにその機会を提供できる。そのような状態を創り出さなくては
ならない。雇用の創出のため、優先的に商品の開発が求められる。パソコンや
テレビなどの有形の商品だけでなく、床屋やマッサージ店にみられるサービス
商品も全く同列に含まれる。

　資本（利益）の拡大を目指す商業者は大量生産された商品を取り扱うように
なる。それは商品の認知度が高く、低価格であるにもかかわらず相対的に高品
質であるため、経済合理性に適合する消費者志向の商品と認識されるからであ
る。ただし、そのような知名度の高いナショナル・ブランド商品は競合する商
業者にとっても魅力的であるため、最終的には低価格競争に巻き込まれる危険
性が高くなる。低価格競争から解放された状況を創り出すように品揃え形成を
行うことが重要となる。まさに、売買の社会化が求められる。社会的存在の商
業者は製造業者と消費者双方に有用な商品を流通させる。そのような商業者は
本来的にも価値ある商品の流通の担い手となる。

　新たな商品の開発が重要な理由は市場競争を活性化させるためである。市場
競争が激化すれば低価格競争が促進され、コスト削減活動に追われることにな
るという消極的な解釈がなされるかもしれない。しかし、低価格競争が引き起
こされる根本的原因は商品間に明確な差異が存在しないからである。極端な例
であるが、海外高級アパレル・ブランドの服と海外で生産された安価な服は服
という属性（同じような商品群）において、競争関係にあるものの、そのことに
よって、低価格競争が生じることはない。実質的に差別化されている、また
は、棲み分けされているからである。棲み分けされた商品が豊富に存在するこ
とは消費者の実質的な選択肢を増加させたことになる。購買選択肢の増加は重
要な市場環境を創り出す。消費者は商品に対する知識・情報が豊富になり、商
品の評価を適切に行う能力を高める。商品の本来的または真の価値を見抜く地
域社会が形成されたならば、価値重視型取引が一般化する。それは使用価値的
側面からのアプローチを柱とするマーケティングに左右されない社会が形成さ
れる。例えば、伝統工芸品の実用性・芸術性を適切に評価でき、それに対する
購買意欲が高まるような社会である。それは誇りを持って仕事ができる社会で

もある。

　誠実な活動の結果として形成された歴史性あるブランドとその形成が直接的目的となったブランドとを弁別する能力は独占的価格、本来の価値どおりではない不等価交換からの解放につながる。それは同時に、社会的費用の節約を促進する。

第3節　実践的提言

　価値を形成する生産的労働を既存の小売業者が積極的に行う。それが最初の段階になるのではないか。精肉店は例えば、コロッケや串カツなどの惣菜にも力を注ぐ。米屋はおにぎりを販売する。現状に満足している店主を動機づけることを前提としない。現状に満足しない店主に対する提言である。ただし、そのような場合であっても、彼らが冒険的な活動の危険性を避けることは前提としなくてはならない。成功事例は膨大にあるため、初期的段階ではそれらを模倣することから始めてもいいであろう。小売業者がそれを苦手とする場合、社会的売買の集中を支える卸売業者が小売業者に提案することは理想的である。生産と小売の情報を集積する卸売業者による市場創造活動である。また、研究者は理論研究だけでなく、そのような事例を整理・紹介する実践性の高い研究を行ってもいいのではないか。

　小売業者での生産的労働を店舗店主や従業員以外の実店舗を自らが資本を拠出して開業できない経営者的人材が担うことも可能であろう。店主がそのような人材を自らが募集しても、他者に代理させてもいいのではないか。店頭での募集であれば、応募者が地域住民になる場合も十分に考えられ、地域消費者のニーズに適合した商品が生産されるかもしれない。

　卸売業者が自社商品の企画・販売に力を注ぐことも大切である。しかし、従来からそのような活動が行われていなかった場合、先述した小売業者と同様に卸売業者が消極的になる可能性は高い。卸売業者が小売業者にコンサルタント的活動を行うことは通常にあるが、逆に、卸売業者に小売業者がそのような活

動を行うことは一般的ではないであろう。欧米の研究者にみられるコンサルタント的活動が我が国にも求められるのではないか。

　価値形成の柱となる企画開発を大学だけでなく、高校や中学校、場合によっては小学校や地域住民に協力を求める。例えば、地元金融機関が地域活性化、コミュニティ・ビジネスに関心のある人を集め、関係者を取りまとめ、成功の可能性が高い企画・事案に対して、資金的な提供も含めた積極的な支援をする。学生や生徒の参加はインターンシップに位置付けられる。地域内流通が活発化すれば、それにかかわる資金の流れや管理にその金融機関が担う役割は大きい。

　各業者は地域内の運輸業者を積極的に活用する。流通過程にあって、運輸の活動はそれ自体が生産的労働である。商品が生産されること、それは生産的労働によるものであるが、その価値の実現には必ず物理的な移動を必須とする。それゆえ、空間的な移動を担う活動は生産的労働と位置付けられる。地域内の運輸の活動が増加することは生産的労働を直接的に増加させることになる。さらに、卸売業者が発見困難な取引相手を探索できる可能性を秘めている。例えば、宅配業者は個々の消費者に接することから、より詳細な情報を得られる可能性がある。具体的な例として、農産物の場合、直売所で販売する程ではなく、また、家庭では消費しきれない程度の農産物を生産している農家、職業にはしていないが、優れた特定の能力を有する個人を発見できる。

　地域内の生産者を積極的に活用する。直上で述べたように、職業にはしていないものの、特定の能力を有する人材は発掘すればかなりの数になる。生産活動は価値を形成する過程であることから、生産者の探索は活動全体の出発点となる。商業者による生産的活動はそのもっとも初歩的な段階であるが、生産能力のあるひとを見付けた後、実際に生産活動を行ってもらう段階が難しい。調整役としてのコンサルタント的担い手が必要となる。大学や金融機関がそのひとつになるのが妥当ではないか。

　賑わいの創出は公的資金を活用した例えば、過去にみられた商店街アーケードの設置や季節毎の行事やイベントなどもある。ただし、それらは経済的支援がなければ継続しない。そのような資金的な提供を受けなくても開催できるイ

ベントは多様にある。例えば、学生や生徒、地域住民によるバンドや吹奏楽などの演奏と合わせて地域住民が屋台を出店し、賑わいと経済効果を創出することは可能である。

　店舗の一部を個人に利用してもらうという方法もある。借りる側の個人は店舗設備への投資がほとんどなく営業を開始できる。また、魅力ある商品のアイテム数が少なくとも出店が可能になる。貸す側は消費者を呼び込む材料になる。貸し手と借り手が協力すれば店舗運営に関するさまざまなアイデアが生まれるだろう。

　古民家を複数のメンバーで DIY をし、複合型施設として利用する。古民家再生店舗はそれ自体が消費者への訴求力になるだけでなく、複合施設は多様な品揃えを形成することになる。また、資金的にも少額での参入が可能となる。そのような店舗が複数存在するようになれば相乗効果が期待される。このような動きが活発化すれば地域内における古民家への投資が促進されるであろう。

　例えば、「修理サービス商品を生産する」自動車修理工場において、昨今人気の高い旧車と呼ばれる個性的な古い自動車を解体業者などから購入し、修理し、販売するような場合、それら一連の活動は「旧車という商品を生産する」ショップ形態に発展する。

おわりに

　商品やサービス商品が生み出されることは流通のための労働が増加することになる。地域内でそのような活動が活発化すれば、市場そのものが拡大する。そのための手段となる事例は豊富にある。

　各業者だけでなく、教育機関や金融機関、地域住民が多様な角度から地域の活性化にかかわることで相乗効果が期待される。公的機関が地域活性化の中核的担い手となることは本来的・理想的であるものの困難である。公的機関が公的資金を投入した賑わいまたは経済効果の創出は重要ではあるが、持続的発展的な地域の活性化の視点からすれば、本質ではない。個々の経済主体の主体的

で創造的な活動が柱であることは明白だからである。

　経済的相乗効果を効率的・効果的に生み出す主体は地方のテレビ局や新聞社だと筆者は認識する。テレビ局や新聞社は資金以外の、経営にかかわる本質的な経済的・社会的有用性を保有するからである。それ以外の要素は多様な情報、それらが整理された知識、内外の人的資源との関係などである。それらを保有する経済主体は地方を拠点とするテレビ局や新聞社である。

　それらはマーケティングのもっとも重要な消費者への精神面でのアプローチの実質的担い手である。地域に関する多様な情報を発信するという本来的な役割は地域経済が上向く可能性や様子を伝える重要な役割を担う。経済の活性化は消費者の将来的展望の明るさが購買を促進することにより結果するからである。

　地域経済の活性化が増進されたならば、物価上昇が加わり、可処分所得がますます低下する多くの地域住民は生活への不安が軽減されるだけでなく、自らが経済的チャンスを探求し始めるようになるのではないか。

第2章　資産価格の変動と不動産の流通

はじめに

　日本では、不動産の価格は大きく分けて公示価格と流通価格がある。公示価格は不動産鑑定士の評価をもとに、国税庁・国土交通省・地方公共団体などから公表される。他方、流通価格は市場における不動産に対する需給バランスにより決定するが、不動産の流通価格（を決める市場の需給バランス）は、どのような要因によって変化するのだろうか。もちろん経済の好景気や人口の増加など、実体経済に関係する要因によって不動産の流通価格は影響を受ける。しかし、不動産の流通価格は金融資産価格の変動によっても、大きな影響を受けることが知られている。

　その理由として、まず「資産効果」が考えられる[1]。株価の上昇によって、株式を保有している家計の予算が予期せず増えることにより、住宅などに対する需要にも正の効果があるとされる。他には、株価が企業業績を反映していることも理由として考えられる。株価は企業業績の良さを反映しており、企業業績が良いときはボーナスなど社員の報酬が高まる傾向がある。そうすると（住居用であれ投資用であれ）住宅に対する需要が高まるということになる。また、株価が上昇し資産の含みが増すと、それが担保価値を持つことで借り入れが容易になり、住宅投資にプラスの効果がある[2]。

---

1)　H. H. Lean & R. Smyth, "Dynamic interaction between house prices and stock prices in Malaysia," *International Journal of Strategic Property Management*, Vol.18, No.2, 2014, pp.163–177. 株価と不動産価格の相互作用に関する理論がまとめられているので参照されたい。

2)　大村敬一・浅子和美・池尾和人・須田美矢子『経済学とファイナンス 第2版』東洋経済新報社、2007年、202頁。

このように不動産価格は金融資産価格に影響を受けると考えられているが、一方で金融資産価格はどのように変動するのだろうか。経済学では資産価格を決定する伝統的なモデルがいくつか存在する。本稿では、それらの中から最も有名であると思われるモデルを紹介することにする。

第1節　配当割引モデル

金融経済学やファイナンスなどで、しばしば用いられる仮定は「裁定」である。代替的な2つの資産が市場で自由に売買できるとしよう。片方の資産が割高であるときにはそれが売られ、もう片方の資産が買われる。逆に、片方の資産が割安であるときにはそれが買われ、もう片方の資産が売られる。このような裁定取引の結果、2つの資産の収益率は一致するようになる。[3]　たとえば、金利（債券の利子率など）と株価収益率は投資家にとって代替的であり、金利と株価収益率の期待値が理論上は一致すると考えられている。[4]

r を金利、p_t を株価、d_t を配当とする。ただし、金利は正の値をとる定数、株価と配当は確率変数である。資産価格の値上がりから得られる収益（キャピタルゲイン）と、配当から得られる収益（インカムゲイン）の収益率の和が、裁定取引の結果、金利と一致しているとしよう。

$$r = E_t \left(\frac{p_{t+1} - p_t}{p_t} + \frac{d_{t+1}}{p_t} \right) \tag{1}$$

右辺第1項がキャピタルゲインによる収益率、右辺第2項がインカムゲインによる収益率である。これを整理すると

$$1 + r = E_t \left(\frac{p_{t+1} + d_{t+1}}{p_t} \right) \tag{2}$$

---

3)　代替的な2つの資産うち片方の資産の収益率が確率変数であると考えられる場合は、その期待値が一致するようになる。

4)　Equity Premium Puzzle の問題についてはここでは扱わないが、経済学にとって本質的な課題である。

$$p_t = \frac{E_t(p_{t+1} + d_{t+1})}{1+r} \tag{3}$$

$$p_t = \lim_{i \to \infty} \left(\frac{1}{1+r}\right)^i E_t(p_{t+i}) + \sum_{i=1}^{\infty} \left(\frac{1}{1+r}\right)^i E_t(d_{t+i}) \tag{4}$$

$$= b_t + f_t \tag{5}$$

（4）式の右辺第1項をb_t、右辺第2項をf_tでおきかえている。f_tは配当の割引現在価値を意味し、これは株価のファンダメンタルと呼ばれる⁵⁾。b_tは0に収束することも考えられるが、そうでない可能性もある。それは

$$E_t(b_{t+1}) = (1+r)b_t \tag{6}$$

あるいは連続時間で考えるならば

$$E_t(b_{t+1}) = e^r b_t \tag{6'}$$

を満たす場合である。そのような場合、（5）式のb_tは0に収束せず、株価はファンダメンタルと一致しなくなり、バブルを含んだものとなる。b_tはバブルと呼ばれている。

第2節 バブルのモデル

株価がバブルである場合は、ファンダメンタルに加えて、（6）式にしたがって成長するようなバブルが株価に含まれていることになる。ここで問題となるのは（6）式の期待値オペレータの外し方（つまりb_{t+1}がしたがう確率分布をどのように仮定するか）である。期待値オペレータの外し方によって、b_tの経路が大きく異なってくるため、株価の経路も異なってくる。たとえば、確率分布をもっとも簡単な形で特定化すると

$$b_{t+1} \sim N(\ (1+r)b_t\ , \sigma^2\ ) \tag{7}$$

となる⁶⁾。（7）式のように仮定すると、バブルは永遠に成長し、株価はやがて発散する。しかし株価の発散は現実的ではないと多くの研究者は考えており、バ

---

5) f_tが収束するためには配当の成長率が金利よりも低いという仮定は必要である。

6) しばしば$b_{t+1} = (1+r)b_t + e_{t+1}$, $e_{t+1} \sim N(0, \sigma^2)$のように書かれている。意味としては同じである。

ブルの崩壊を伴うように定式化されることが多い。

1. 確率的に崩壊するバブル

Blanchard & Watson はバブルの崩壊を考慮し、次のようなモデルを検討した。[7]

$$b_{t+1} = \frac{1+r}{\pi} b_t \qquad \text{with probability} \quad \pi \tag{8}$$

$$b_{t+1} = 0 \qquad \text{with probability} \quad 1 - \pi \tag{9}$$

b_{t+1} の期待値を計算してみると

$$E_t(b_{t+1}) = \left(\frac{1+r}{\pi} b_t\right)\pi + 0(1 - \pi) = (1 + r)b_t \tag{10}$$

となるので、(6)式と一致する。このタイプのバブルがどのような経路をたどるかシミュレーションで確認してみよう。

図2-1 を見てみると、バブルが崩壊する様子を確認することができる。ただしこのモデルの限界として、バブルが崩壊した際に $b_t = 0$ となってしまうため一度バブルの崩壊が起こると、バブルは再び隆起しないという点があげられる。

図2-1 確率的に崩壊するバブル

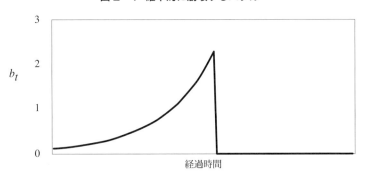

出所：筆者作成。

---

7) O. J. Blanchard & M. Watson, "Bubbles, Rational Expectations and Financial Markets," In: Wachtel, P., Ed., *Crises in the Economic and Financial Structure*, Lexington Books, 1982.

歴史的に、バブルは繰り返すという経験則が共有されており、この「確率的に崩壊するバブル」は長期的に見て現実の株価と整合的とはいえない部分がある。

2.　周期的に崩壊するバブル

Evans は一度崩壊しても、再び隆起するようなバブルのモデルを考案した。[8]

$$b_{t+1} = (1+r)b_t u_{t+1}, \quad \text{if } b_t \leq \tilde{b} \tag{11}$$

$$b_{t+1} = \left[\delta + \frac{1+r}{\pi}\theta_{t+1}\left\{b_t - \frac{\delta}{1+r}\right\}\right]u_{t+1}, \quad \text{if } b_t > \tilde{b} \tag{12}$$

$$u_{t+1} = exp\left(y_{t+1} - \frac{\tau^2}{2}\right), \quad y_{t+1} \sim N(0, \tau^2) \tag{13}$$

$$\theta_{t+1} = 1 \quad \text{with probability} \quad \pi \tag{14}$$

$$\theta_{t+1} = 0 \quad \text{with probability} \quad 1 - \pi \tag{15}$$

ただし、u_{t+1} は期待値が 1 の対数正規分布にしたがう確率変数であり、$\tilde{b}$ と δ は正の定数である。$b_t \leq \tilde{b}$ の場合は当然 (6) 式と一致する。$b_t > \tilde{b}$ の場合であるが、b_{t+1} の期待値を計算してみると

$$E_t(b_{t+1}) = \left[\delta + \frac{1+r}{\pi}\left\{b_t - \frac{\delta}{1+r}\right\}\right]\pi + \delta(1 - \pi) \tag{16}$$

$$= \delta\pi + (1+r)b_t - \delta + \delta(1 - \pi) \tag{17}$$

$$= (1+r)b_t \tag{18}$$

となるので、(6) 式を満たす。このタイプのバブルがどのような経路をたどるかシミュレーションで確認してみよう。

図 2-2 を見てみると、バブルが崩壊していることを確認できる。そしてバブルが崩壊したあとは再びバブルが隆起しはじめ、また崩壊に至る。このようにバブルは繰り返すという現象が表現されており、その点でこの「周期的に崩壊するバブル」は現実の株価と整合的な特徴を有している。しかし、「確率的に崩壊するバブル」にも当てはまることであるが、このタイプのバブルは崩壊を

---

8)　G. W. Evans, "Pitfalls in testing for explosive bubbles in asset prices," *American Economic Review*, Vol.81, No.4, 1991, pp.922-930.

図2−2 周期的に崩壊するバブル

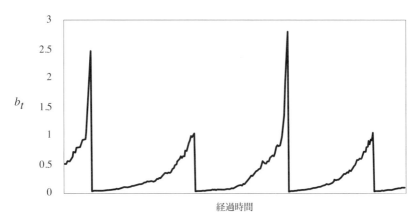

出所：筆者作成。

株価のジャンプによって表現しており、それがどこまで現実の株価の動きと整合的であるのかという点については議論の余地が残っている。

3. 配当に依存するバブル

しばしばバブルは景気がよいときに起こると言われている。また景気がよいときは配当も高い傾向にある。したがって、バブルと配当は因果関係があると考えることは自然である。Froot & Obstfeld は金利と配当の成長率の間に、ある条件を課すことでバブルを配当の関数として見なせるということを示した。[9] まず配当の推移を

$$\log (d_{t+1}) = \mu + \log (d_t) + \xi_{t+1}, \qquad \xi_{t+1} \sim N\left(0, \sigma_\xi^2\right) \tag{19}$$

と仮定する。ただし、d_t は配当である。さらに、金利と配当の成長率の関係が

$$\lambda^2 \frac{\sigma_\xi^2}{2} + \lambda\mu = r, \qquad \lambda > 1 \tag{20}$$

であるとする。そのうえで

9) K. A. Froot & M. Obstfeld, "Intrinsic Bubbles: The Case of Stock Prices," *American Economic Review*, Vol.81, No.5, 1991, pp.1189-1214.

$$b_t := c d_t^\lambda \tag{21}$$

と定義する。ただし c は非負の定数である。ここで (21) 式が (6') 式を満たすことを確認する。[10]

$$e^{-r} E_t(b_{t+1}) = e^{-r} E_t[c d_{t+1}^\lambda] \tag{22}$$

$$= e^{-r} E_t[c\{exp(\mu + \log(d_t) + \xi_{t+1})\}^\lambda] \tag{23}$$

$$= e^{-r} E_t[\, c\{\, d_t \, exp(\mu + \xi_{t+1})\, \}^\lambda\,] \tag{24}$$

$$= e^{-r} E_t[\, c\{\, d_t^\lambda \, exp(\lambda\mu + \lambda\xi_{t+1})\, \}\,] \tag{25}$$

$$= e^{-r}\left[c d_t^\lambda \, exp\left(\lambda\mu + \frac{\lambda^2 \sigma_\xi^2}{2} \right) \right] \tag{26}$$

$$= e^{-r}\left[c d_t^\lambda e^r \right] \tag{27}$$

$$= c d_t^\lambda \tag{28}$$

$$= b_t \tag{29}$$

となるので、(6') 式を満たす。[11] このタイプのバブルがどのような経路をたどるかシミュレーションで確認してみよう。

　図 2-3 を見てみると、バブルが崩壊していることを確認できる。そしてバブルが崩壊したあとは再びバブルが隆起しはじめ、また崩壊に至る。このようにバブルは繰り返すという現象が表現されており、その点でこの「配当に依存するバブル」は現実の株価と整合的な性質を有している。そのうえ、バブルの崩壊を表現するために株価のジャンプを用いておらず、その点も現実の株価と矛盾しない。ただし、バブルが配当の非線形関数として deterministic に決まるという特徴があるため、バブルが配当の時系列と似た動きをすることになる。Froot & Obstfeld が出版された時点では、アメリカの株価をうまく説明しているように思えたが、その後の（金融危機の時期を含めて）配当と株価のデータを眺めたときに、バブルが配当の時系列とそこまで似た動きをしているか、とい

---

10) Froot & Obstfeld では割引率として $1/(1+r)$ ではなく、連続時間での割引率 e^{-r} を用いているので留意されたい。

11) 計算途中で対数正規分布の期待値をとっている。

図2－3 配当に依存するバブル

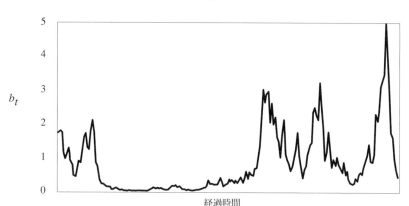

出所：筆者作成。

う点に関しては検討の余地があると言える。

4. 予測不可能な経路をとるバブル

　経済学では条件付き期待値を外す際に、期待値が 0 の正規分布に従う確率変数を足すということがよくおこなわれるが、期待値が 1 の対数正規分布に従う確率変数を掛けるということによって代替することもできる。Charemza & Deadman が検討したモデルは極めて単純であり[12]

$$b_{t+1} = (1+r)b_t u_{t+1}, \tag{30}$$

$$u_{t+1} = exp\left(y_{t+1} - \frac{\tau^2}{2}\right), \qquad y_{t+1} \sim N(0, \tau^2) \tag{31}$$

としている[13]。したがって当然（6）式を満たす。一見すると単純な発散過程をた

12) W. W. Charemza & D. F. Deadman, "Speculative bubbles with stochastic explosive roots: the failure of unit root testing," *Journal of Empirical Finance*, Vol.2, No.2, 1995, pp.153-163.

13) 実際には Charemza & Deadman は、u_{t+1} だけでなく（1+r）についても対数正規分布に従う確率変数としている。ただしその場合でも、対数を取った際の $log(u_{t+1})$ と $log(1+r)$ の和が「正規分布の再生性」によって、ひとつの確率変数とみなされるので、バブルの生成過程としては（32）式と本質的に変わらない。

どるように思われるが、このタイプのバブルは τ の値によって予測不可能な経路をたどる。（30）式両辺の対数をとると

$$\log(b_{t+1}) = \log(1 + r) + \log(b_t) + \log(u_{t+1}) \tag{32}$$

$$\log(b_{t+1}) = \log(1 + r) + \log(b_t) - \frac{\tau^2}{2} + y_{t+1}, \qquad y_{t+1} \sim N(0, \tau^2) \tag{33}$$

となる。一見して分かるように、（33）式は

$$\log(1 + r) = \frac{\tau^2}{2} \tag{34}$$

となる場合にランダムウォークモデルである。[14] 一般的によく知られているように、ランダムウォークに従う時系列は予測不可能であり、したがってその指数 $\exp(\log(b_t)) = b_t$ も 0 以上の値をとるということ以外は予測不可能である。このタイプのバブルがどのような経路をたどるかシミュレーションで確認してみよう。

　図 2-4 を見てみると、バブルが崩壊していることを確認できる。そしてバブ

図 2-4　予測不可能な経路をとるバブル

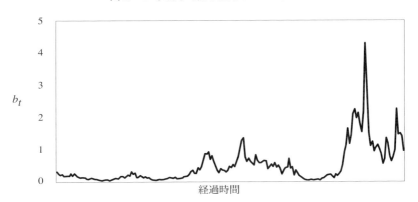

出所：筆者作成。

---

14)　Charemza & Deadman だけでなく Waters も、$(1 + r)$ を定数として（30）式の対数をとることによりランダムウォークモデルになると指摘している。

ルが崩壊したあとは再びバブルが隆起しはじめ、また崩壊に至る。このように、バブルは繰り返すという現象が表現されており、その点でこの「予測不可能な経路をとるバブル」は現実の株価と整合的な性質を有している。そのうえ、バブルの崩壊を表現するために株価のジャンプを用いておらず、その点も現実の株価と矛盾しない。ただし、このタイプのモデルからインプリケーションを得ることは難しい。経路を全く予測できず、バブルは予測できないという当たり前の結論が出てくるためである。

おわりに

　本稿は先行研究の紹介とシミュレーションからなり、実証分析の論文ではない。しかし紹介したモデルは極めて単純であるので、その取り扱いの容易さから実証分析で用いることもできる。これから経済学の研究をはじめようとする学部生にバブルの実証分析をすすめることはしないが、すでに時系列データ分析を一通り学んできた者が応用研究の対象としてバブルの実証分析に取り組むのは悪くない選択肢かもしれない。特に、単位根・共和分、線形・非線形状態空間モデル、MCMC（マルコフ連鎖モンテカルロ）法を学んでおり、サンプリングアルゴリズムを自分でコーディングできるのであれば、すぐにでも参入できる研究分野である。

　ただし、バブルの（理論分析はさておき）実証分析が将来有望な研究か、と聞かれれば返答に窮する。なぜなら Equity Premium Puzzle が根本的に解決されているとは言えないからである。本稿ではバブルの実証分析の先行研究を踏襲して割引率は一定とおいているが、本来、バブルのモデルはルーカス型の資産価格モデル（消費 CAPM）から導かれ、割引率は確率的であり、CRRA 型効用関数と消費に依存する。そのため、バブルの実証分析を議論する場合にもモデルの基本的な部分に未解決の問題がないとは言えない。

　Gürkaynak も述べていることであるが、バブルの検知やバブルの水準の推定が可能であったとして、それが正しくおこなわれているからバブルが現れるの

か、それとも基本のモデルが（現実から乖離しているという意味で）間違っている
から、モデルで表現しきれないバブルのようなものが現れるのか、判別するこ
とが難しい。若い研究者がこれらの問題を解決し、株式市場に安定がもたらさ
れることを願っている。

【参考文献】

G. A. Waters, "Unit root testing for bubbles: A resurrection?," *Economics Letters*, Vol.101, No.3, 2008, pp.279-281.

J. H. Cochrane, *Asset pricing: Revised edition*, Princeton university press, 2009.

J. Y. Campbell, A. W. Lo & A. C. MacKinlay, *The Econometrics of Financial Markets*, Princeton university press, 1996.

R. Mehra & E. C. Prescott, "The equity premium in retrospect," *Handbook of the Economics of Finance*, Vol.1, 2003, pp.889-938.

R. S. Gürkaynak, "Econometric tests of asset price bubbles: taking stock," *Journal of Economic surveys*, Vol.22, No.1, 2008, pp.166-186.

【付録 A　シミュレーションで用いた設定】

	B.W	Evans	F.O	C.D
b_0	0.1	0.5	—	$\log(0.3)$
r	0.05	0.05	—	0.05
d_0	—	—	$\log(2)$	—
μ	—	—	0.011	—
σ_ξ	—	—	0.122	—
λ	—	—	2.74	—
c	—	—	0.26	—
τ	—	0.05	—	$\sqrt{2\log(1+r)}$
π	0.99	0.85	—	—
$\tilde{b}$	—	1	—	—
δ	—	0.5	—	—
n	100	300	200	200
乱数シード	3	3	10	3

注：この表はバブルをシミュレーションした際に用いた設定についてまとめたもので
ある。B.W は O. J. Blanchard & M. Watson の「確率的に崩壊するバブル」、Evans は
G. W. Evans の「周期的に崩壊するバブル」、F.O は K. A. Froot & M. Obstfeld の「配
当に依存するバブル」、C.D は W. W. Charemza & D. F. Deadman の「予測不可能な
経路をとるバブル」を表している。プログラミング言語は R version 4.0.3 を用いて
いる。

【付録 B　ファンダメンタルの計算例】

（4）-（5）式より

$$f_t = \sum_{i=1}^{\infty} \left(\frac{1}{1+r}\right)^i E_t(d_{t+i})$$

$$= \left(\frac{1}{1+r}\right)^1 E_t(d_{t+1}) + \left(\frac{1}{1+r}\right)^2 E_t(d_{t+2}) + \cdots + \left(\frac{1}{1+r}\right)^n E_t(d_{t+n})$$

（19）式のように配当が推移しているとすると

$$f_t = \left(\frac{1}{1+r}\right)^1 (1+g)^1 d_t + \left(\frac{1}{1+r}\right)^2 (1+g)^2 d_t + \cdots + \left(\frac{1}{1+r}\right)^n (1+g)^n d_t$$

ただし、$1+g = \exp(\mu + \sigma_\xi^2/2)$ である。等比数列になっているので

$$f_t = \frac{\left(\frac{1+g}{1+r}\right)}{1 - \left(\frac{1+g}{1+r}\right)} d_t = \frac{1+g}{r-g} d_t$$

となる。

第3章　地域経済と地場産業

はじめに

　コロナ禍の状況が続く今日において、円安、原油高、ロシアとウクライナ情勢による物価高が顕著にみられてきており、地域経済の悪化を招き、日本経済の疲弊が続いている。そのようななかでも、日本で活動している企業は生き残らなければならないし、地域経済ひいては日本経済の立て直しが急務の課題といえる。

　地域経済の発展において欠かせない存在が地域で活躍する企業である。特に、地場産業が顕著である産業集積地においては、地場産業そのものが地域経済を支えており、非常に深い関係性がある。地域経済の発展及び地域経済の立て直しは、地域で活躍する地域企業が担うことになる。

　そこで、本章では、地域経済と地場産業の関わりについて考察する。特に、日本を代表する地場産業の集積地である新潟県燕三条地域の刃物産業の事例を用いて論ずる。

第1節　地域経済と地場産業の関わり

1.　地場産業の概念

　日本全国を見渡すと、それぞれの地域のなかにおいて、大企業、中小企業、零細企業を問わず、多種多様な企業が立地しており、グローバルに展開している企業から、地域に根差した企業まで幅広く存在している。

　特に、近年地方では、東京を中心とした首都圏などの一極集中の是正におけ

る移住政策や地産地消におけるまちおこしなど、改めて自治体をはじめとする各種団体や地方で暮らす住民が地域を見直す動きについて各所でみられている。つまり、物事の地域化（ローカリゼーション）の動きが活発化しているといえる。そのようななか、地域経済を支えるには産業が必要であり、これまでも地場産業の観点から地域経済が議論されてきた。

　地場産業とは、地域に根差した企業が特定地域に集積し、地域特有の資源を活用し、産地を形成し、主に消費財を生産し、当該地域以外にも全国的あるいは世界的に販売網を持つ同一業種が集積した企業群のことである。しかし、地場産業に関しての定義は一様ではなく様々な捉え方がある。

　山崎充によると、「地場産業とは地元資本をベースとする同一業種の中小企業が特定の地域に集積して産地を形成し、そこに蓄積されている技術やそこから産出する原材料、それに労働力などを活用して特産品的な消費財をもっぱら生産し、地域市場はもとより全国や世界市場に販売している地域に根差した産業である。[1]」と定義している。椎谷福男は、地場産業を「中小企業の一つの形態として（中小企業の範囲を超えるものを含む）特定の地域に一つの産業分野に特化して成立しているもので、地元資本による同一業種の中小製造業が特定地域の経営資源（資本、労働、技術、資源等）を活用して、社会的分業がもたらす経済効果により外部経済に依存しながら特産品的な製品を生産し、販売している企業群の集積形態である。その市場は地域のみならず全国および海外におよんでいる。[2]」と捉えている。

　また、山崎充は、地場産業の特徴について、①地元の中小企業の１つの固有のタイプ、②同一業種の地域的企業集団としての産地形成、③技術、技能、原材料資源など地元の生産要素を活用するなどの地域性保持、④特産品としての消費財生産、⑤全国や世界の市場に販売の５つを指摘している。[3]

　また、地場産業の産地として、漆器産地（輪島、会津若松など）、陶磁器産地（美

---

1)　山崎充『甦えるか！地場産業』ぎょうせい、1988 年、13-14 頁。

2)　椎谷福男『新・地場産業論』野島出版、2007 年、5 頁。

3)　山崎充、前掲書、14 頁。

濃、清水、有田など）、繊維産地（足利、栃尾など）、家具産地（旭川、府中、大川など）、金属洋食器産地（燕）、眼鏡枠産地（鯖江）、かばん産地（豊岡）、タオル産地（今治）など[4] 全国に多数存在している。

2.　地域経済と地場産業の関わり

　現代の地域構造について、松原宏は、工業立地の変化、広域経済圏の発展、東京一極集中の変化から述べている[5]。

　特に、東京一極集中の変化は、地方に目が向けられていることを意味し、企業における地方への本社移転や自治体による移住促進策の推進は、都会から地方への流れを促進している。

　しかし、松原宏は、バブル経済崩壊後の 1990 年代は情報サービス業・広告業従事者数や卸売業年間販売額の割合が低下したことで一極集中傾向が転換するかに見えたが、2000 年代に入ると両指標とも東京圏で割合が伸びる傾向があり、東京再集中を見せている[6] との指摘もあり、ヒト・モノ・カネ・情報といった企業活動における経営資源が東京圏から地方へ、あるいは地方に滞留するような大きな流れが形成されている訳ではないことがうかがえる。

　また、日本全体が少子高齢化社会であるため、各地域の人口や生産人口を急激に上昇させることは困難であり、地域経済が縮小したとしてもそれぞれの地域で生き残り策を考え、実行していくことが急務の課題であるといえる。そのようななか、各地域が取り組むべき方策は、より成長の見込める産業を誘致・育成していくか、既存の産業で新たなイノベーションを起こし、新事業・新製品開発していくかが欠かせないと考える。特に、地場産業が存在する地域では、後者の取組みによる地域経済活性化が何よりも重要である。

　そこで次節では、地場産業が盛んな地域の内、新潟県燕三条地域の刃物産業

---

4)　同上、15 頁。金井一頼「地域企業の戦略」大滝精一・金井一頼・山田英夫・岩田智著『経営戦略：論理性・創造性・社会性の追求 第 3 版』有斐閣アルマ、2016 年、263 頁。

5)　松原宏「日本の地域構造と地域経済」松原宏編著『地域経済論入門 改定版』古今書院、2022 年、40-48 頁。

6)　同上、47-48 頁。

を取り上げ、刃物産業における製品開発の状況や地域経済活性化策としての取組みを考察する。

第 2 節 事例から考える地場産業 –新潟県燕三条地域の刃物産業–

1. 新潟県燕三条地域の概要

　新潟県燕三条地域は、新潟県のほぼ中央（県央）に位置し、信濃川を挟んで向かい合う燕市と三条市の両市にまたがる地域をいう。人口は、燕市 77,646 人（2022 年 6 月末時点）、三条市 94,019 人（2022 年 7 月 1 日時点）、と両市合わせて 171,665 人であり、人口面からみた場合、地方の中核都市よりも若干小規模な地域であるといえる。

　両市の主要産業は、工業製品として、金属加工製品（刃物、金型、洋食器など）や農業生産物として、コシヒカリを始めとした米、茶豆、十全なす、キュウリ、トマトなどの野菜、桃、梨、ル・レクチェ（洋梨）などの果樹がある。工業製品や農産物の一大製造・生産集積地であり、まさにものづくりの集積地である。このような工業・農業の産業集積地は、全国的に見た場合、かなり特徴的な地域と捉えることができ、人口あたりでみると「日本で一番社長が多い地域」とも呼ばれ、中小・零細企業が集積した地域である。

　燕三条地域は、特に日本有数の穀倉地帯である越後平野の一角を占めており、信濃川流域に位置しているため、昔から大雨などで度々水害に悩まされることも多かった。そのため、この地域の米や野菜の作物が凶作になってしまうこともあったとされている。そこで、江戸時代中期に、農民の救済措置として、

---

7) https://www.city.tsubame.niigata.jp/（2022 年 7 月 19 日閲覧）。https://www.city.sanjo.niigata.jp/（2022 年 7 月 19 日閲覧）。

8) 拙稿「地域マーケティングの理論と実践に関する一考察」『新潟経営大学紀要』第 28 号、2022 年、8 頁。

9) 信濃川の水量をコントロールし、越後平野を水害から守るために、当時の土木技術を駆使して建設された河川として大河津分水路がある。2022 年は、大河津分水路通水 100 周年記念事業が開催されている。https://www.hrr.mlit.go.jp/shinano/shinanogawa_info/naruhodo/suiro.html（2022 年 6 月 27 日閲覧）。

この地域で和釘の製造が奨励された。そのことが、今日の燕三条地域の主要産業である刃物や金物産業へと引き継がれている。江戸時代末期には、三条は鍛冶屋が多数存在し、金物の中心的生産地となるとともに、それを売りさばく商人も出現し、「三条商人」と呼ばれ、彼らのもとに燕や三条から和釘などの金物が集められた。その三条商人に燕の金物もときには安く買いたたかれることもあり、燕の和釘製造者たちは独自に販路を見いだそうとした。ところが、その販路開拓は、三条商人によって潰されてしまったそうである。そのため、燕と三条で敵対意識が生じてしまったようである。[10]

しかし、現在の燕と三条では、敵対意識は徐々に変化しており、良きライバル関係であると共に、両地域を「燕三条」という括りで展開し、「燕三条ブランド」のブランディングに力を入れており、「燕三条ブランド」をシティ・プロモーションに活用したり、各企業も「燕三条ブランド」を意識した経営戦略やブランディングが行われている。また、地域内企業連携にも積極的な展開が見られている。

2. 燕三条地域と刃物産業

刃物は、刃を使って物を切ったり削ったりする道具であり、人が生活していくなかでの必需品である。刃物の種類は多種多様である。具体的には、包丁、ナイフ、小刀、剃刀、鋏(はさみ)、爪切り、鉈(なた)、鎌などがある。

包丁も、大きく分けると和包丁と洋包丁がある。和包丁としては、出刃包丁、薄刃包丁、菜切り包丁、刺身包丁、三徳包丁(万能包丁)、鮪包丁、麺切包丁など多数ある。また、洋包丁も、牛刀、カービングナイフ、スライサー、パン切り包丁など多数ある。

燕三条地域は、堺(大阪)、関(岐阜)、越前(福井)、三木(兵庫)、土佐山田(高知)などと並び全国でも有数の刃物産地を形成している。特に、燕三条地域には、江戸時代から続く三条鍛冶や研磨の技術を活かし、刃物では、三条では「越

10) 拙稿「ものづくりをブランディングする街−新潟県燕三条地域の取組み−」田中道雄・テイラー雅子・和田聡子編著『シティプロモーション:地域創造とまちづくり』同文舘出版、2017年、56頁。

後三条打刃物」と呼ばれ、和包丁が中心に作られ、燕はプレス加工で製造される洋包丁が中心に作られている。[11]

　また燕三条地域には、「三条鍛冶道場」を始め、刃物技術の継承と後継者の育成を制度とした取り組みが行われており、刃物産業という地場産業を継承すべく技術と人材育成に力を入れている。特に、燕三条地域の刃物産業は、金属を叩いて製造する刃物で、高温の金属を金型で叩いて形を整える、高度な鍛造技術が特徴であり、強度が高く摩耗しにくいという性質がある。

　そこで、本節では、刃物の中でも包丁、爪切り、鋏、ペンチ・ニッパーなどの作業工具の４つに焦点をあて、燕三条地域における刃物産業を考察する。

写真３−１　燕三条の刃物（包丁）　　写真３−２　燕三条の刃物（ペンチ・ニッパー等）

出所：筆者撮影。　　　　　　　　　　　出所：筆者撮影。

（1）包丁

　燕三条地域の包丁の歴史は古く、三条における「打刃物」は、江戸時代初期から作られていた。当時の検地帳には「鍛冶町」の名が記載されており、多くの鍛冶職人たちが三条に集まり職人街を形成し、活発に「打刃物」の製造が行われていた。また、その当時、三条周辺では新田開発が積極的に行われるようになり、その際使用されていた「鎌」や「鍬」など土農具を中心とした刃物製造が活発化していった。その後、信濃川の河川交通を利用した商業の発達により、会津など他産地との交流、金物商人を通じた関東などの消費地との情報交

11）拙稿「産業観光に向けて燕三条地域の取り組み」西田安慶・片上洋編著『地域産業の経営戦略−地域再生ビジョン−』税務経理協会、2016年、31-32頁。

流などを通じ、「鑿」、「鉋」といった大工道具や、「包丁」、「切出」など多様な製品の製造や販売が行われるようになった[12]。

　また、三条の刃物は、前述のとおり「越後三条打刃物」と呼ばれており、2009 年には伝統的工芸品の指定を受けている。指定品目は、「包丁」以外にも「切出小刀」「鉋」「鑿」「鉈」「鉞」「鎌」「木鋏」「ヤットコ」「和釘」の計 10 品目が挙げられている。その他、三条では、2008 年に「越後三条鍛冶集団」が結成されており、地元の 27 の事業所、37 名の会員からなる鍛冶職人を中心に、伝統工芸士による優れた質の良い「越後三条打刃物」の技術を継承している。地域貢献として、「三条鍛冶道場」を拠点に、一般市民を対象にした「和釘づくり」や「包丁研ぎ」を定期的に行い、現役鍛冶職人の指導による刃物づくり体験などの講座も、年間を通じて実施されており[13]、「刃物のまち三条」としての伝統を受け継いでいる。

　燕三条地域の包丁メーカーは数多くあり、藤次郎 (燕)、吉田金属工業 (燕)、タダフサ (三条)、日野浦刃物工房 (三条) などが代表的な刃物メーカーである。特に、藤次郎やタダフサは、工場敷地内に直営の販売所も設けており、製造小売業の機能・役割を果たしながら、燕三条の刃物産業を支える産業観光の担い手でもある。

（2）爪切り

　燕三条の爪切りの特徴は、一言で言えば、ニッパー型爪切りである。ニッパー型爪切りは、燕三条の刃物企業で製造されており、一例としては、諏訪田製作所 (三条) が挙げられる。初代社長である小林祝三郎[14] が、関東大震災後の住宅復興需要に合わせて大工職人向けの「喰切」（両側の刃がぴったりと合わさった状態で対象物を切る刃物）を製造した。その「喰切」の技術が使われた製品がニッ

---

12) 谷口佳奈子・上野恭裕・北居明「伝統的事業システムの競争優位と課題−堺・関・燕の刃物産業の比較より−」『長崎国際大学論叢』第 13 巻、2013 年、39 頁。拙稿「産業観光に向けて燕三条地域の取り組み」、前掲書、31 頁。
13) https://www.city.sanjo.niigata.jp/soshiki/keizaibu/shokoka/monodukuri/4564.html（2022 年 6 月 27 日閲覧）。拙稿、同上書、31-32 頁。
14) 現在は、三代目の小林知行が代表取締役である。

パー型の爪切りである。

ニッパー型爪切りの製造は、鍛造（鉄を熱して叩き、固く強くしながら形を作る）、部品加工（鍛造した爪切りの部品を2本組み合わせるため、ドリルで穴あけし、溝を切る）、研磨・研削（爪切りを削って成形し、磨いて表面をきれいに仕上げる）、合刃・刃付け（ヤスリを使って左右の刃をぴったりに合わせるとともに刃を研いで鋭くする）、検品（完成した爪切りのキズの有無や切れ味を調べる）といった工程で行われている。特に、諏訪田製作所では、その工程1つ1つを職人が手作業で行っている。つまり、諏訪田製作所のニッパー型爪切りは、職人によって1つ1つ手作りされていることが特徴的である。また、その職人の技は、爪切りの切れ味となって表れている。諏訪田製作所のニッパー型爪切りは、爪を切る際にほとんど音がせず、切れ味も鋭いため、爪をあまり傷めることなく切ることができる。また、良く切れる爪切りの証しとして鍛造の時にバリという部分を残して製造されている。バリとは、爪切り本体になる必要な部分を抜き取った余りの部分で通常廃棄される。鍛造品は、真ん中に質の良い部分ができるため、周りにあえてバリを残すことで良く切れる爪切りを製造している。また、バリなどの廃材を有効活用したブランキングアートの創作、展示を会社内外で行っている。[15]また、ニッパー型爪切りは、古沢製作所（三条）、ネール、理美容用のニッパー型爪切り等の製造・販売（「MARUTO」ブランドとして展開）を手掛けるマルト長谷川工作所（三条）など燕三条地域の刃物産業を支えるアイテムの1つとなっている。

（3）鋏

鋏とは、物を二つの刃で挟んで切る道具である。鋏の製造工程は、銅材の切断、成形、焼鈍（しょうどん）、平坦、穴加工、焼入れ、研削、研磨、調整、組立となる。シゲル工業（燕）やマルト長谷川工作所（三条）では、理美容用ハサミの製造を行っており、また、小林製鋏や坂源（ともに三条）では生け花・園芸・果樹用の鋏の製造・販売を行っている。特に、小林製鋏では、園芸用としての剪定鋏や

---

15) 拙稿「ブランド戦略－刃物企業（燕三条地域）の事例から－」伊部泰弘編著『北陸に学ぶマーケティング』五絃舎、2017年、62-63頁。

果樹・野菜の品目ごと、細かな作業ごとにあわせて開発しており、「越路^{こしじ}」ブランドとしてネットショップや工場に敷設している店舗で販売している。[16]

（4）ペンチ・ニッパーなどの作業工具

　燕三条地域では、刃物産業の一環として、ペンチ・ニッパーなどの作業工具の製造・販売も行っている。ペンチとは、金属板や針金を折り曲げることで加工したり、切断するための作業工具の 1 つである。また、ニッパーとは、電気工事や電気製品の修理などの際に、主として配線コードを切断するための工具のことである。ペンチやニッパーのような作業工具メーカーの一例としてマルト長谷川工作所がある。1924 年に創業しており、初代長谷川藤三は、当初大工道具である「締めハタ」を中心に製作していた。1932 年にスプリングハンマーを導入し、ペンチなどの作業用工具製造の機械化を行い、その後の馬のマークの「KEIBA」ブランドとして、後に作業工具メーカーの集積地となる三条におけるパイオニア的存在となった。また、2011 年に長谷川直哉が四代目社長就任後、ネール・理美容用の製品等の「MARUTO」ブランドを創設するなど、作業工具の新たな展開がなされている。2019 年には、体験型ショールームやショップ、セミナールームを備えた「マルトパドック」を開設しており、製造小売業として、燕三条地域の産業観光施設としても活用されている。また、ペンチやニッパーの製造工程は、原材料の丸棒加熱、鍛造、焼鈍（800℃で 10 時間以上加熱）、機械加工、熱処理、刃付け、高周波焼入、検査という方法が取られている。[17]

　その他、ペンチやニッパーの他、やっとこ（金属板や針金を掴む鉄製の工具）や刃物以外の作業工具であるドライバー（「ANEX ブランド」）などの製造・販売を行っている兼古製作所など三条を中心に展開されている。[18]

16）https://sanjo-school.net/spblog/?p=2586（2022 年 6 月 27 日閲覧）。
17）https://www.fisco-international.com/about-us/japan（2022 年 6 月 27 日閲覧）。
18）https://www.anextool.co.jp/（2022 年 6 月 27 日閲覧）。

第3節　地域経済を活性化させるための地場産業の展開

　地場産業は、地域企業が支えている。筆者は、地域企業とは、①地域資源を活用し、地域の産業を担っている企業、②地域経済に貢献している企業、③特定の地域のニーズを満たす企業の3点のいずれかを有する企業であるとしている[19]。また、金井一頼は、地域企業を「本社を特定の地域に置き、主としてその地域の多様な資源を活用したり、その地域独自のニーズを持つ製品やサービスを提供するなど、地域に立地する優位性を活かしている企業（一般的には中小企業が多い）のことを指している[20]。」としている。このように地域企業は、地域資源を活用し、地域に立地する優位性を活かしながら、地域の産業の一部を担う企業である。

　これまで地場産業は、当該地域の経済を潤すだけでなく、雇用や租税の観点から貢献してきた。しかし、地方の人口減少、少子高齢化が進む中で、地場産業が、その地域を支えていくためには、これまでの「モノ作りとしての地場産業」だけでなく、それを活かした「コト作りとしての地場産業」が必要であり、地場産業の産業観光化が求められている。

　燕三条地域の産業観光化の取組みとしてオープンファクトリーとそれに関連したイベントが挙げられる。オープンファクトリーについて、栗井英大によると、「単工場公開型オープンファクトリー」と「産地振興型オープンファクトリー」に分類している。「単工場公開型オープンファクトリー」とは、「自社のPR等を目的に、企業が単独で工場を一般に公開する取組み[21]」と定義し、「産地振興型オープンファクトリー」を「一定地域内の複数の工場を、一定期間一般に一斉公開するとともに、来場者の見学・体験・ツアーなどを地域の運営組織

---

19) 拙稿「地域企業にみる製品差別化とブランド戦略に関する一考察：新潟・栗山米菓の事例研究」『新潟経営大学紀要』第 15 号、2009 年、73-74 頁。

20) 金井一頼「地域企業の戦略」大滝精一・金井一頼・山田英夫・岩田智著、前掲書、264 頁。

21) 栗井英大『『産地振興型オープンファクトリー』による新潟県長岡地域の活性化：アクションリサーチアジェンダ』『長岡大学研究論叢』第 20 巻、2022 年、116 頁。

写真 3 － 3 燕三条工場の祭典（鋏の展示）　写真 3 － 4 燕三条工場の祭典（へら絞り[22]実演）

出所：筆者撮影。　　　　　　　　　　　　出所：筆者撮影。

が企画・運営することにより、産地全体をアピールする取組み[23]」と定義している。燕三条地域では、この「単工場公開型オープンファクトリー」とそれに関連したイベントである「産地振興型オープンファクトリー」の双方を産業観光に活かした取組みが見られる。燕三条地域の「単工場公開型オープンファクトリー」として、数多くの町工場が単独でオープンファクトリーを展開している。それを PR する目的とし「燕三条オープンファクトリーマップ」（燕三条オープンファクトリーマップ制作委員会）がある。そのマップには、藤次郎、玉川堂_{ぎょくせんどう}（燕）、諏訪田製作所など 13 の工場と 3 つの PR 施設が掲載されており[24]、燕三条地域のオープンファクトリー巡りができるようになっている。また、特設の HP も開設され、マップに掲載されている以外の工場も紹介されている[25]。次に、「単工場公開型オープンファクトリー」を活かしたイベントである「産地振興型オープンファクトリー」として「燕三条工場_{こうば}の祭典」がある。「燕三条工場の祭典」は、直近では、2021 年 11 月 5 日から 21 日まで "Tsubame-Sanjo Factory Museum" と題して、展覧会が三条市内の廃工場を利用して行われた。

22）へら絞りとは、へらと呼ばれる金属の棒をテコの原理を利用して金属板を金型に押しあて、少しずつ伸ばしながら成形する手法・技術のことである。https://sanjo-school.net/spblog/?p=3253（2022 年 6 月 12 日閲覧）。

23）栗井英大、前掲論文、116-117 頁。

24）https://www.tsubamesanjo.jp/kanko/wp2020/wp-content/themes/yume/pdf/ofmap.pdf（2022 年 5 月 31 日閲覧）。

25）https://www.tsubamesanjo.jp/kanko/factory/（2022 年 5 月 31 日閲覧）。

コロナ禍以前（2013 年～ 2019 年の計 7 回実施、2020 年は中止）は、燕三条地域（一部加茂市を含む）の製造業、農業等に携わる事業所が一斉に工場や農場を開放し、工場と耕場の催しだけでなく、商品や生産物の購入の場（購場）として様々な産品の販売が行われた[26]。本イベントの成功要因として、桑原佐知子は、①官民双方のリーダーシップによる地域連携、②外部マーケッターによる監修（プロデュース）とデザインの導入、③新しいものを受け入れ時代に適応する力とデザインに対する理解、④若手への早期権限移譲の風土の 4 点を挙げている[27]。

おわりに

　本章では、地域経済と地場産業の関わりについて考察し、特に、日本を代表する地場産業集積地である新潟県燕三条地域の刃物産業の事例を用いながら、地域経済活性化のための地場産業の役割と展開について論じた。

　前述のとおり、地域経済の活性化と地場産業は密接な関係にあり、地場産業を展開する地域における地域企業が実践する産業観光化は、地域経済を活性化させる 1 つの方向性として進むべき道であると考える。

　つまり、モノ（工業製品や農業生産物）づくり地域のコト（体験や経験）づくりによる観光活性化策が必要であると考える。オープンファクトリーや販売施設の設置、ワークショップを含むイベントの開催は、観光客にとっては、非日常体験であり、そこでの体験や経験こそが観光における効用となる。

　地域経済と地場産業は密接なつながりがあり、地域経済の活性化には、地場産業の活性化が必要不可欠である。地場産業を活性化させるためには、イノベーションによるハードの付加価値の創造といったモノづくりの追求とコトづくりといったソフトの付加価値の創造が重要であり、ハード・ソフト両面からの付加価値の創造が求められている。

---

26) 拙稿、前掲論文、2022 年、10-11 頁。
27) 桑原佐知子「新潟県（燕三条地域）の事例」池上重輔編著・早稲田大学インバウンド・ビジネス戦略研究会著『インバウンド・ルネッサンス 日本再生』日本経済新聞出版、2021 年、118-123 頁。

第4章　地域経済と商業集積

はじめに

　地域経済が潤うことは地域住民がその土地から離れる経済的理由のひとつを解決することになる。商業集積は地域経済活発化の重要な担い手のひとつである。何かの集まりとしての集積は効率的または効果的な側面を持つ。商業集積は商業者が単独では得られなかった効果を発揮する。多様な商品が集まることによって、消費者は購買行動の効率性を高める。また、商業者間の競争の程度を高めることによって、購買選択肢を増加させるだけでなく、物財やサービス財[1]の品質を高める。

　紙幅の関係からほんの一部を考察するだけに止まるが、ひとつは多様な集積の中にあって、商業集積の独自性を示すこと、もうひとつはそれが地域経済にとって重要な存在であることの部分的証拠として、近年みられる新たな動きを

---

[1]　物財とサービス財は価値を形成するものである。それらは経済学では「物財とサービス」と表記がなされる。ところが、「サービス」という用語には販売促進活動としての通俗的用語「おまけ」という意味も含まれるため、用語の使用に注意しなくてはならない。地域経済の活発化は価値の生産に焦点があてられるため、本章では両者を意識的に峻別する。

　例えば、クリーニング店はクリーニングというサービス財を生産する。診療所は医療サービスを診療報酬点数制度に従った公定価格でもって生産する。それらに対して、飲食店はメニューである飲食という物財を、接客サービスと合わせて提供する。接客サービスは販売促進的性格であるのか、または、サービス財と認識されるものなのか、両者の区別は不明確にならざるを得ない。繰り返せば、理論的分析だけでなく、実践においてもそのことは言える。チップの制度・習慣はその峻別をより前進させたものである。それに対して、我が国はサービス財の生産や消費に関する国民的認識が根本的に異なっているため、その峻別が困難となる。

　価値の生産に注目する立場からすれば、接客サービスもサービス財となるように提供されることが求められる。例えば、それは飲食店の料理そのものの価格に接客サービスの価格が上乗せされた状態を指す。もちろん、そのことが消費者に受け入れられることが前提であるが、そのような場合、接客サービスそのものは料理という商品と同列に位置付けられている。

紹介することが本章の目的となる。

第1節　商業集積の捉え方

　まず商業集積を理解するために、これに接近する用語との違いを確認してお
こう。集積は何かが集合した状態を示すものである。例えば、カリフォルニア
州にあるシリコンバレーにみられる半導体を中心とする産業集積、阪神工業地
帯や北九州工業地帯にみられる工業集積、前者ふたつとは性格が大きく異なる
人口を恣意的に集合させた計画都市、そして、本章で取り上げる商業集積など
がある。集積にはそれぞれに期待される有用性があるものの、商業集積、特に、
商店街はその形成過程における歴史的な論理を有する。

　商業集積はその用語が示すとおり、商業者の集合体であり、地理的に限定さ
れたものである。よって、それはインターネット上に商業者が集まった状態を
指さない。商店街は現実にある集合体が分析されるため、商業を営む経済主体
の集合体に限定できない。ショップ形態の洋菓子店やパン屋、サービス財を生
産するクリーニング店や診療所、両者の性格を合わせ持つ飲食店も対象になる。
また、商業集積は商業経済論が分析対象とする商業者以外、資本の運動を試み
ようとしない零細規模のまたは生業的経済主体が集合体の中心を形成する[2]。

　商業集積の捉え方にはふたとおりある。ひとつは自然発生的な集まりである
例えば、実質的には商業者以外も含めた商業者の集まりとなる商業集積である。
もうひとつは管理運営主体が存在する恣意的に形成された商業集積である。ふ
たつの異なるタイプの商業集積の捉え方は理論を理解するだけでなく、それを
実践に移行する際に重要となる。大阪駅周辺における管理型商業集積と各管理
型商業集積を個とする自然発生的性格を有する商業集積を理解しておこう。阪
急百貨店と阪神百貨店は経営統合されたため、管理主体がそれらふたつと阪急
メンズ大阪とグランフロント大阪の4つの個別管理型商業集積を統括する。そ

---

2)　拙稿「商業集積の論理」柳純『激変する現代の小売流通』五絃舎、2013年、49-51頁。

れ以外に大丸梅田店、JR 西日本が運営するルクア大阪、ヨドバシカメラ・マ
ルチメディア梅田、伝統的な自然発生型商業集積である阪急東通商店街やお初
天神商店街などが全体としての商業集積を形成する。

　電鉄系百貨店が核となる梅田駅に店舗を構えるのは当然であるが、呉服系百
貨店である大丸は大阪駅から遠くない心斎橋店が本店であるにもかかわらず、
駅前に出店した。管理型商業集積は単独でも消費者を比較的遠方から吸引する
ものの、小売企業が立地産業と呼ばれるように、競合する市場環境にあっても、
各商業集積の集合体である管理出来ない商業集積を形成する。大丸百貨店はカ
ニバリゼーションの危険性があっても、それ以上に収益の拡大を見込めると判
断したから出店したのであろう。それらの各商業集積は全体として、平成・令
和の時代にみられる新たな自然発生型商業集積を形成する。

第 2 節　商業集積形成の論理

　以下に石原武政の研究成果を紹介する。消費者が商品を購入するという事実
は企業との何らかの価値観を共有した表れであり、そのためのコミュニケー
ションが重要となる。コミュニケーションは一般社会にみられる双方向のやり
とりとは異なる商品開発・チャネル選択・価格設定なども具体的手段であると
認識される。また、企業と消費者とのコミュニケーションは一対一ではなく、
一対不特定多数という関係にある。消費者は多様性に富み、欲望や欲求が安定
的に確保されない。製造企業はそのような消費者とのコミュニケーションを成
立させなくてはならない。「消費者中心志向」は消費の現場がマーケティング
の出発点になるという姿勢を表現する。そうではあっても、製造企業は消費者
と直接向き合うことができない。[3]

　製造企業は市場を開拓するためにマーケティングを導入するが、商業者がそ
の実質的担い手となる。製造企業は市場の拡大に伴い、取引回数を節減するた

---

3)　石原武政『商業組織の内部編成』千倉書房、2000 年、71-74 頁。

め、小売業者ではなく卸売業者に絞って取引を行う。製造企業は複数段階の商業者を介在させた状態で、コミュニケーションを図らなくてはならない。繰り返せば、製造企業は直接取引する限定された卸売業者をとおして、捉えどころのない消費者群を市場であると認識しなくてはならない[4]。

　はるか遠方に存在する消費者への素朴な対応は自社独自の専門的知識と技術によって、生産者の魂が込められた商品を製造することである。ただし、命がけの跳躍が待ち受ける。その危険性を卸売業者は軽減する。卸売業者から得られる市場のメッセージは消費者の個人的情報ではない。膨大な情報は製造企業にとって意味をなさないため、それらが縮約された情報に限定される。消費者の嗜好の傾向、価値観、特定分野における潜在的不満などが消費者像の措定の根幹を形成する。命がけの跳躍の最終的審判の対象は商品ではなく措定された消費者像であると理解される。この仮説的市場像は製造企業が消費者とコミュニケーションするためのバロメータの役割を果たす。つかみどころのない消費者は仮説的市場像を基準として、「それとの相対的比較ないし距離において理解されることになる[5]」。ある商品に対する多くの消費者が共有する要件を「基本的属性」または「歴史的に沈殿した属性」と呼ぶことにする。消費者の反応を手がかりに、「副次的属性」が付加される。商品は商品開発の歴史的過程の一コマとして存在する。副次的属性は競争過程の産物でもあり、価値実現競争の排他的担い手となる。それを「競争的使用価値」と呼ぶことにする。いずれ競争的使用価値が商品の基本的属性に組み込まれる[6]。

　市場取引の結果として、市場の措定に関する「ルールは遅れてやってくる[7]」。そうであっても、直前までのルールをもとに仮説的ルールが構築され、市場像が描かれ、その妥当性が事後的に確認される。消費者とのコミュニケーションは仮説的ルールを共有・媒介しながら、ルールそのものを形成する過程である[8]。

---

4)　同上、77頁。
5)　同上、80頁。
6)　同上、78-84頁。
7)　同上、84頁。
8)　同上、84頁。

　仮説的市場像を実像に接近させるための適切な情報を絶えず卸売業者から得なくてはならない。それは品揃え形成を土台とする情報縮約・斉合の原理で説明されるものである。しかし、各商業者は品揃え形成に限界がある。能力的限界だけでなく、特に小売業者は最終消費者と直面し、地域消費者の行動特性に強く影響されるからである。小売業者は地域消費者に関する仮説的な消費のイメージを構築し、製造企業と同様に実態に合うよう品揃えを調整し続ける[9]。

　製造企業と小売業者だけでなく、消費者は市場を介して企業像をイメージする。ただし、企業像は特定企業を対象にするものであり、製造企業や小売業者にみられる不特定性はない。

　マーケティング・コミュニケーションの成功は三者における意味共有が鍵を握る[10]。

　考察を消費者との接点に戻せば、売買集中の二面性として、同じ産業分野の同種商品と異なる産業分野の異種商品がある。W. Alderson の見解[11] に従えば、前者は集積であり、後者は品揃え物となる。商業経済論における売買の集中は異種商品の集中が強調されていた。また、実質的な小売業者間の競争は消費者の購買半径による制約を受けた空間的市場内で生じる。多くの消費者は購買時の商品探索基準に、業種がその主な担い手となる「分類コード」を用いる[12]。

　ある業種に属する全ての商品を取り扱う小売業者を完全業種店、その一部のみを取り扱う小売業者を部分業種店とするならば、現実社会にあって、複数の部分業種店が同一の空間的市場に存在する。それは品揃え物の補完関係がみられる商業集積へと発展する。業種店は取り扱う商品に関する技術的に制約された売買集中を実現するものであり、消費者の購買対象を全て引き受けることはできない。それゆえ、業種店は商業集積を形成することによって、異なる業種店が隣接することによって、集積全体としての品揃えを豊富にする。部分業種

---

9)　同上、85-90 頁。

10)　同上、93-95 頁。

11)　W. Alderson, Marketing Behavior and Executive Action, Richard Irwin, 1957.（石原武政・風呂勉・光澤滋朗・田村正紀訳『マーケティング行動と経営者行動』千倉書房、1984 年）。

12)　石原、前掲書、106、107、113、114 頁。

店は将来的に完全業種店を志向する必要がない。もし、ある属性の商品を全て取り扱うならば、消費者にとって、膨大な選択肢はかえって選択を困難にするため、消費者の効用が低下するかもしれない。また、小売業者は商品の回転数が低下し、取引にかかわる費用が過分に発生する。商業集積における部分業種店は他の部分業種店に依存しながら、自らの存在意義を消費者に訴求する。商業集積全体の品揃え形成は個々の店舗の品揃えの結果に過ぎない。繰り返せば、個々の店舗の品揃えが消費者にとって、魅力的な内容になることが出発点であり、商業集積全体としての品揃えは偶然に過ぎない。それゆえ、他店への依存に限界がある。部分業種店はそれぞれの分類コードの具体的内容を消費者とのやりとりの過程において調整・形成する。制約された空間的市場において、回転率の高い商品を取り扱うことは利益の安定的確保の視点から重要であるが、競合する他店でもその商品が取り扱われる可能性が高い。各商品の競争関係の程度を考慮しながら品揃えが形成されなくてはならない。[13]

　商業集積内の各店舗は依存関係にあると同時に競争関係にある。依存関係は理想的なものに過ぎない。その理由として、第一に、小売商業者は常に利益の極大化を目指すとは限らず、高いリスクを積極的に受け入れ、競って市場の開拓をする保証がない。第二に、商業集積全体としての品揃え形成が十分であれば、ただ乗りをする小売業者が現れるかもしれない。第三に、商業集積は空間的制約があるため、魅力ある品揃えを有する新規業者の出店が困難となる。第四に、バランスの良い多様な業種の集積は偶然の産物に過ぎない。第五に、各小売業者は自らの判断によってターゲットとする消費者を絞り込むことから、全体としての統一性が確保されない。[14]

　そのような問題を克服する集積として、管理型商業集積が登場する。そこにあって、他の業種に属する商品を取り扱うことは依存関係を内部化したと理解される。異なる業種にある商品に関する技術的な相違は業務に負担をかけることになる。そうであっても、一貫性を保持することが可能となる。ある特定の

13) 同上、129-138頁。
14) 同上、155-158頁。

コンセプトや等級の統一による消費者への訴求力を高めることが志向される。我が国における初期の百貨店は中産階級の消費者に対して、西洋的消費文化というコンセプトを設定した。ただし、内部化が困難な商品群は外部の商業者に依存することになる。郊外型ショッピングセンターは自然発生型商業集積の問題点を最大限克服しようとする。そのような管理型商業集積は依存関係だけで成立するものでなく、各店舗間の競争を管理することが重要となる。[15]

　「まったく新しいコンセプトのもとに、新しい技術に支えられた小売業が誕生する。この新しいコンセプトと技術の総体が[16]」新業態である。業態の概念はある時点における商品取扱技術の臨界点によって明確化するものであり、その進歩による概念の不明確性の増大が避けられない。[17]

第3節　自然発生型商業集積の現状

　本節は筆者が経験的にまたは観察から得た知見を整理し、可能な限り論理的に考察する。自然発生型商業集積の代表は商店街であるが、秋葉原や大阪日本橋、アメ横やアメ村、南京町や中華街のような同属にある商品を取り扱う商業者の集積、古民家再生店舗を活用する商業者の集積も積極的な分析対象とする。

　「シャッター街」と揶揄されることの多い商店街であっても、注目すべき商業者の活動が多様にみられる。ある経営者がある業種を選択する理由は基本的に保有する技術や知識からである。例えば、同じようにみえる生鮮食料品であっても、品質や味に差があり、それを見極める能力の獲得は重要である。そうであっても、零細小売業への参入の能力的障壁は相対的に低いとされており、必要な情報・知識を得る経験・学習の機会があれば克服できる。専門性の程度にもよるが、ある業種での活動に従事する過程で他の業種に関する学習をすることは可能である。家族経営がなされている場合、家族の誰かがその学習に専

15）同上、160-177頁。
16）同上、190頁。
17）同上、185頁。

58

念することもできる。設備投資が比較的少額な業種であれば業種転換が容易となる。比較的規模の大きな活気のある商店街は商業集積そのものが集客力を確保する。一部の商業者は消費者の購買動向を確認しながら柔軟に業種を転換する。歴史的に、商業資本家が貨幣資本を蓄積し、産業資本に投資する場合も多い。商業資本家が産業資本家に移行する場合もあれば、両方の資本家になることもある。また、その逆もある。利益の極大化を目論む資本家が利益率の高い領域に、領域間のさまざまな障壁に関係なく、資本を移動させることは頻繁にみられる。それらのことからすれば、商店街にみられる業種間の移動は何ら特別なものではない。

　デフレーションだけでなく、近年みられる物価上昇からすると、現在、日本はスタグフレーションにあると認識できるのではないか。多くの消費者は低価格商品への購買意欲が必然的に高まる。それは名目賃金が低下する必然的行動である[18]。そのような環境下にあって、大量販売を基礎とするバイイング・パワーによる仕入れ価格の引き下げが可能な大手小売企業に優位性が生じる。そうであっても、大手小売企業の市場占有率はそれほど大きくならない。生業的性格にある中小零細小売業者が膨大に存在する。それは消費者にとって何らかの魅力ある商品を取り扱うからである。大手小売企業では取り扱いが困難な商品が膨大に存在するため、中小零細小売業者は適切な社会的売買の集中を体現できる。筆者の経験にあって、昔から主力商品が鮭の切り身とタラコのふたつである品揃えが豊富とはいえない魚屋がある。鮭は肉厚に切られ、脂がのっていて、相対的に低価格である。自然発酵による昔ながらの味を固守するパン屋は固定客を確保している。高品質な精肉を低価格で販売する精肉店は行列ができる。持ち帰り専門の焼鳥屋は低価格であるにもかかわらず、具材が大きく、工夫された味付けにより、予約注文だけで完売する勢いがある。

　空き店舗が多くなった商店街は消費者だけでなく、商業者にとっても出店に対する魅力が低下するという二重の困難が強いられる。そのような状況にあっ

18）拙稿「激変する平成・令和の市場」松井温文編『現代流通序説』五絃舎、2022 年。

ても、商店街が再生する兆しは見逃せない。ソーシャル・ネットワーク・サービス（以降 SNS と表記する）の発展と消費者の購買意思決定要因における変化が影響している。零細経営者にとって、従来、人的な直接的な口コミが柱となるため、その効果の表れは即時的でなかった。しかし、今日的発展の代表である SNS にみられる電子媒体による口コミの拡散やインスタ映えによる効果はその時間を飛躍的に圧縮する。その効果は特に、零細規模の実店舗での商圏の飛躍的拡大にみられる。繰り返せば、インターネット社会の進展は大量生産された商品に低価格競争を余儀なくする。それに対して、生産量が少ない魅力ある商品やサービスは膨大な広告宣伝費用を負担することなく市場の拡大が可能となった。

　商店街に位置する店舗は基本的に、立地における利便性が高い。また、ある商業者が消費者を引き付ける様子は新規参入を誘発する。さらに、近年、新規参入する店舗は魅力的であることが多い。そのような状況は消費者への訴求力を相乗効果で高める。

　近年注目されるものとして、古民家や古い店舗の本来的な良さを活かし、店主のこだわりが加えられた店舗の登場がある。本章ではそれらを古民家再生店舗と総称する。古民家再生店舗は機能的資産価値が低下しているものの、例えば、歴史的または文化的価値を土台に芸術的価値が加えられた建築当時とはコンセプトが異なった建造物として生まれ変わる。現代的な建築学的芸術性とは異なった方向にある古民家再生店舗は物質的な豊かさに満たされた今日的社会にあって、稀少性を生み出している。その価値は店舗の物質面だけでなく、店主の施設に対するこだわりや価値観が合わさって消費者への訴求力となる。日本独自の歴史的・文化的遺産に対する価値観は抽象的であっても、また、建築された当時にあって、何ら別段のものでなかったものの、今日的な価値が高まっている。古民家再生店舗を好む消費者はまだまだ多くないものの、消費意欲が高い。店主と消費者、店主同士、消費者同士の間に自然な形でコミュニティが形成される。例えば、店舗内で初めて出会った消費者同士が自然と会話できる雰囲気がその空間に備わっている。インターネットの発達した社会、物質的

に恵まれ過ぎた社会に、欠乏した何かが拡大するからではないか。店主は他の古民家再生店舗の店主と自然に結び付く。ある店主が主催するイベントに他の店主が積極的に協力するだけでなく、常連の消費者が主催者側に自然な形で加わっている。競合する他店のリーフレットが店内に置かれている。価値観を共有する人が店主に何かを頼めば比較的寛容に了解される土壌がある。古民家再生店舗という物質的な素材の中にある抽象的価値観は日本の伝統的なコミュニティそのものにあるのかもしれない。そのような限定的な価値観を共有する人たちの集まりは強力である。

　商店街の中に再生店舗が頻繁にみられるようになった。店主のこだわりは再生活動に集中することもある。メニューにこだわりがなくとも、消費者と店舗に関する話題で盛り上がる。商店街に空き店舗が多くともある店舗に賑わいが生まれたならば、新規参入者が現れる。そのような動きは広がり、再生店舗が柱になって商店街に活気を与える。

　古民家再生店舗は対象となる施設が存在しなくてはならない。商店街の存在と関係なく、結果として、集積が形成される場合がある。以下にそのような事例を紹介する。豊臣秀吉が作った壮大な空堀の跡地になる「からほり地区」はオフィス街の中にあって、空襲に遭ったものの、コミュニティの結束力によって、大きな災害を免れた路地裏文化を残す地域である。車が通行できない迷路のような路地が多数あり、長屋が多く残っている。古民家再生店舗の多くは飲食店であり、この地区に点在する。カウンターがメインで、店主ひとりで調理と接客をする店舗が多い。どの店舗も個性的かつ隠れ家的であり、消費者はこの地区の店舗を探索する楽しみがある。想定外の場所に店舗を発見する楽しみは格別である。商店街を中心とするこの地区は衣食住が全て備わっており、近年移り住む住民が多く、小学生が非常に増えた。

　大阪駅から徒歩で直ぐの場所に中崎町の商業集積がある。からほり地区との大きな相違点として、古民家が集積しており、各再生店舗は距離的にも近い集積を形成している。また、物販店も多く、飲食店の多くは昼間に営業している。それゆえ、観光地化しつつある。行列ができる店舗も多くあり、また、訪れる

消費者の年齢層が低くなっている。

　上記ふたつの事例は共に集積の周りが近代的建造物で囲まれている点にある。古民家再生店舗は近代的な地域の中に取り残された前近代的な日本人が捨て去ろうとした文化が今日的にその魅力を発揮するかのように輝いている。大阪には古民家が多く残された地区は沢山ある。そのような地域にも古民家再生店舗は存在するが、ふたつの事例には全く及ばない。また、東京都にある谷中銀座や浅草はまさに観光地化されている。

　古民家再生店舗は今後増え続けることが確実視されている。そのような店舗への消費者の認知が広まるからだけではない。名目賃金が低下する我が国にあって、過去にみられた起業とは根本的に異なった精神でもって、個性的な店舗経営がなされるからである。繰り返せば、利益拡大を唯一の目的とはせず、人として自分らしく生きることが店舗経営の方針となっている。そのような動きは古民家再生店舗以外の、例えば、住居の一部を店舗にする形態で頻繁にみられる。キッチンカーで、または自家製造した商品をイベント開催時だけ販売する形態も頻繁にみられる。

第4節　管理型商業集積の現状

　管理型商業集積の代表として、百貨店を取りあげる。百貨店は都心部に位置し、呉服系百貨店がその伝統を、電鉄系百貨店が沿線住民を柱に限られた建屋に品揃え形成を行う。消費が低迷する、また、インターネットを媒介する購入が増加する今日、百貨店の売り上げは低迷している。初期の百貨店は石原も述べるように、中産階級の消費者に対して、西洋的消費文化を訴求力として成長してきた。総中流意識が一般的認識にあった時代、特にニュータウン構想や都市開発の地域にあって、近隣の消費行動は互いに強く影響した。平等主義的性格にある総中流意識は結果として、競い合いの土壌を、依存効果が発揮されやすい環境を形成した。高額所得者が対象となる外商は今日も百貨店の収益の柱となる。それに対して、デフレーションの原因となった特に名目賃金の低下が

衒示的消費を抑制するようになり、百貨店が対象を拡大した消費者の購買意欲は低下したため、売上が伸びないものと推察される。対象となる消費者の拡大がなされ過ぎたため、それが是正される段階になったとも理解される。繰り返せば、百貨店の本来対象とすべき消費者に絞り込んだ経営が求められているのかもしれない。

　消費者への訴求力は商業者である限り百貨店も他の商業者と同様に品揃えの形成が柱となる。食料品売場は有名店の商品を実店舗まで出向く煩わしさを解消する。それだけでなく、高品質が保証された商品は安心できる。そのような魅力は現在も変わらない。家族揃っての出掛け先が郊外型総合スーパーに奪われ、その意味での百貨店の地位は低下している。直上でも述べたように、百貨店本来の消費者に対象が絞られる時代になったと言えるのではないか。繰り返せば、百貨店は対象となる消費者を下方向に拡大し過ぎたものと理解される。百貨店はスーパーマーケットも展開している。量販店や低価格訴求型専門店の発展は既存各社の市場の縮小を余儀なくする。新しい業態の確立は消費者ニーズを的確にかつ幅広く捉えた結果であると理解される。さらに、インターネット販売は百貨店が得意分野としていた稀少性の高い商品の販売機会を浸食する。

　そのような環境下にあって、百貨店は市場の維持または拡大を図らなくてはならない。仕入れの量的質的充実を図るため、競争を制限するため、経営効率化を図るため、百貨店の統合が行われる。大丸と松坂屋、阪急と阪神、三越と伊勢丹、西武とそごうが代表的である。大阪駅周辺では阪急と阪神は互いの強みを活かした統括的な管理体制に発展した。大丸神戸店は自らが積極的に管理する旧居留地において、歴史的建造物群を活かし、路面店を展開するだけでなく、管理対象外である既存施設もその中に自然な形で取り込み、全体としての魅力を高めている。日本の伝統的庭園造りにみられる庭の管理者の管理下にない自然を庭園の延長線上として取り込む技法に似ている。J. A. Howard が述べるように、マーケティングは実質的に管理が困難な消費者を管理可能な資源を

統合することによって、観念的なアプローチによって管理しようとする[19]。それに対して、旧居留地は管理困難な他の管理主体を管理することなく、結果として、統合する好事例である。

　管理型商業集積の管理主体は消費者への訴求力を高めるため、管理対象外にある対象との関係をどのように構築していくのかということが経営戦略の上位概念となる戦略的経営において、重要性を高めるのかもしれない。

おわりに

　商店街は地域の資源として、社会的に再生されなければならないという立場から、政策的に分析されることがある[20]。どのような分析視点であったとしても、地域住民が商店街の重要性を認識することは日本の本来的に有するさまざまな歴史的文化的な遺産の損失を抑制する。

　近年、我々は歴史的文化的遺産に対する欠乏感を何らかの形で高めているのではないか。物質的に十分過ぎるほど、豊かさに恵まれていることを実感できない消費者はいないであろう。それに対して、多くの消費者は名目賃金の低下を余儀なくされ、物価上昇による可処分所得の低下も加わり、サービス経済化を基礎とする精神的な豊かさをさらに求めることの困難さを感じているのではないか。繰り返せば、より多くのサービス財の消費とは異なる形での精神的な豊かさを求め始めているのではないか。

　サービス経済化という数量的指標では表されにくい、抑圧された可処分所得をこだわりのある対象に絞り込んだ消費が、他人の行動に影響されることなく、楽しむ姿勢がみられるようになった。筆者はそのような消費行動を消費の二面性と呼ぶ。例えば、大工に頼んでいた仕事を家族の共同の楽しみとする DIY

---

19) J. A. Howard, *Marketing Management: Analysis and Decision*, Richard D. Irwin, Inc., 1957.（田島義博訳
　　『マーケティング・マネジメント−分析と決定−』建帛社、1960 年）、4 頁。
20) 石原武政『まちづくりの中の小売業』有斐閣、2000 年。田中道雄『文化保存型のまちづくり』
　　創成社、2012 年。

やバーベキューの雰囲気を楽しむ室内バーベキューなどである。

　そのような中にあって、古民家再生店舗を核とする新たな自然発生型商業集積は消費の二面性を受け止める対象になっている。そこでの店舗は生業的性格が強いものの、大量生産のしわ寄せによる市場の狭隘化に伴う小売業者の急速な拡大にみられた店主の消極的態度でなく、そこでの労働を楽しむ店主の行動が特徴的である。特に、古民家再生店舗店主は古民家の良さを活かした再生過程を楽しみ、それを消費者とのコミュニケーションの手段にする。その行動は利益獲得の一義的手段としてではなく、共通の価値観を基礎とするコミュニケーションを楽しむという社会的目的の手段になっている。初めて出会った相手同士、経済的な取引関係を超えた関係はまさに精神的なつながりを形成する。人間関係が希薄化する時代、価値観を共有する過程において、精神的な効用を高めている。

　今後、この動きは広がりと充実を続けることに対して、疑う余地がない。

　可処分所得の低下も加わり、インターネットでの購買がますます増加する中にあって、実店舗での販売は価値実現がますます困難になっている。そのような市場環境での競争を強いられている管理型商業集積は単体での消費者への訴求力を高めることの困難さから管理可能な複数の管理型商業集積を品揃え形成の視点から統括的に管理することもある。また、歴史的な自然発生型商業集積と同様に、競争関係にあるものの、結果的には補完関係にもあると認識される個別管理型商業集積の集合体としての新たな自然発生型商業集積を形成している。それだけでなく、従来から存在する自然発生型商業集積や現代的自然発生型商業集積との全体的な商業集積も形成している。この一面だけを捉えるならば、市場での大きな競争関係において、インターネット販売と商業集積間の競争が将来魅力ある分析対象になるのかもしれない。

補節　商業の存立根拠 –森下理論–

　経済学による分析を代表する森下二次也による商業の存立根拠を紹介する。

重要な点を示すに止め、各用語が有する性格を歪めないよう原典を積極的に用いる。また、自立化の根拠となる資本主義における自由競争段階に限定する。

　商業の目的は売買差益による商業利潤であり、資本の形態転化の過程に求められる。それゆえ、商業は広く実在する商業全てを対象にするものではなく、商業資本の運動としての商業である。繰り返せば、実体としての商業一般ではないということであり[21]、本章が着目する商店街にみられる小売業者は分析対象とはならない。ただ、生業的または零細な商業者が存立する根拠は同じである。

　資本主義的商業資本は貨幣への転形過程の部分である産業資本にとっての商品資本であるが、産業資本から分離された独自の商品資本である。この点を繰り返せば、資本主義登場以前にみられた生産物は商人に買い取られることによって初めて商品資本となるのに対して、資本主義における商品は生産者である産業資本が商品資本を形成する。個別産業資本が個別商業資本に商品を販売すること、その局面だけを捉えるのであれば、産業資本にとっての商品の販売は完了したかのようにみえる。ところが、商品資本は価値の実現、最終消費者への販売をもって、貨幣形態への転化を果たすものであり、個別商業資本への販売が貨幣形態への転形に過ぎないため、その性格を存続する。資本主義的商業資本にあって、商業資本は商品資本であることが根本的規定であるが、同時に、社会的総資本における商品資本とは異なった資本としての規定も受けることになる。それが商業資本の独立性である[22]。

　商業資本は商品資本に独自的性格が与えられたものである。その契機は商品の生産と販売の社会的な分離であり、その販売を専門業者が分業したことにある。この社会的分業は工場内にみられる分業とは異なったものである。また、運輸、広告、代金回収などの業務は商業であっても、商品形態から貨幣形態への転形のために必要な各種技術的操作を担うものであり、それらは商業の補助業として自立化が可能であるため、非本質である[23]。

21）森下二次也『現代商業経済論 改訂版』有斐閣ブックス、1977 年、9、10 頁。
22）同上、38-42 頁。
23）同上、42、43 頁。

　商業資本は商品資本の自立化形態であり、商業の存立根拠を抽出するため、その内容に立ち入らなくてはならない。商業資本は商品資本に転形されない部分として、売買の技術的操作や危険負担のための資本がある。また、商品販売専門業者が最初に投下する資本は貨幣資本であり、商品資本ではない。資本の運動の過程には生産過程と流通過程があり、資本の一循環にあって、それぞれに時間が費やされる。社会の総資本の観点から流通時間を考慮した上で、生産の中断がないように調整される。継続的生産のための貨幣予備は貨幣形態で環流された商品資本であり、現実の貨幣資本ではなく、商品買取資本である[24]。

　社会的売買費用は売買労働と売買手段から構成される売買操作資本となる。これは貨幣予備と同様に生産に追加充用される性格にはないが、必要不可欠な費用である。商業資本家は前貸資本を追加する必要があり、それが売買操作資本として自立する[25]。

　「商業資本自立化の可能性は社会の資本＝未分離の産業資本の本性のなかに与えられている。・・・産業資本内部ですでに分割されていた資本の一部分が、何故にことあらためて独自の資本として自立化するにいたったのか[26]」ということを明らかにしなくてはならない。

　資本主義的商品流通はその発展に伴いますます販売の偶然性が深刻化する。その理由として、第一に、商品の主たる消費者は労働者であり、彼らの労働力の価値が産業資本家に搾取されている。第二に、競争は資本の有機的構成を高度化させ、不変資本の急速な増加に対して、可変資本が相対的に減少する。その結果、生産の急速な増大に対して、消費者需要は相対的に減少する。第三に、生産規模の無限の拡大を志向するため、市場の拡大は国境を越えるに至る。それに伴い、資本主義の発展は販売の偶然性を高め、販売に必要な労働と販売危険を増加させる。産業資本家はこれらの費用を資本の前貸しによって負担しなくてはならない。販売のためにのみ前貸しされたこの費用は価値も剰余価値も

24）同上、46-50頁。
25）同上、51-54頁。
26）同上、55頁。

生産せず、利潤率を低下させる。このような産業資本の状況は商業資本が自立化する土壌を形成する。[27]

　個別産業資本自らが消費者に販売するよりも、個別商業資本による間接販売の方が効率的であるという理由から自立化は説明できない。商業資本の専門化による利益は分業の必然性を示すものの、資本の自立化の根拠にはならない。個別商業資本は商品の使用価値の量的・質的制限を受けない。同種商品を同一産業内から、それだけでなく、異種商品を異なった産業間にある多数の個別産業資本から購入できる。個別商業資本は自立化した多数の個別産業資本の共同販売代理人となる。この関係が分業の成立要件となる。[28]

　多数の個別産業資本からの商品の購入はそれらの貨幣予備の自立化形態を意味する。貨幣予備の集中は個別産業資本の貨幣形態の流通資本の総計を節約することになる。しかし、これを自立化の根拠にはできない。個別商業資本の回転は個別産業資本の回転から解放されているだけであり、個別産業資本の回転はそのままである。それは生産時間も流通時間も短縮できない。貨幣予備の集中は商品売買の商業資本への集中を基礎とするからである。[29]

　商品売買の集中にかかわって、売買操作の集中による利益が生じる。資本規模が大きくなれば、効率性が高められるからである。しかし、売買操作は売買から分離させてそれ自体を自立的に集中させることもできる。[30]

　多数の個別産業資本からの購買と多数の消費者への販売が個別商業資本に集中することは一種の売買の社会化を意味する。集中された商品は社会的商品と言える。これは個々の産業資本における販売の偶然性が軽減されるだけではない。それは本来価値の実現ができなかった商品を販売可能にする。繰り返せば、個別産業資本が見出せなかった消費者を発見し、商品の存在を知らなかった消費者にそれを知らしめることができる。市場の必然的拡大がそれによる大量販

27）同上、56-58 頁。
28）同上、59-62 頁。
29）同上、62、63 頁。
30）同上、64 頁。

売の要請に応えられない産業資本の商品の販売も集中することによって、価値
の実現をなし得るからである。販売の偶然性の除去は販売時間の短縮、危険の
軽減による貨幣予備の節約をする。それは単なる貨幣予備の集中や売買操作の
集中とは異なり、商品資本から貨幣資本への転形過程に直接かかわるものであ
る。それだけでなく、売買の集中はそれにより売買操作資本をも節約する。こ
こに商業資本自立化の根拠が存在する[31]。

---

31) 同上、65-67頁。

第5章　地域経済と大学

はじめに

　少子化に伴う 18 歳人口の減少により、日本の大学は厳しい状況にある。それにより「大学全入時代」が到来したといわれて久しい。「大学全入時代」とは、大学進学を希望する高校生が大学を選ばなければどこかの大学に入学できることをあらわしている。すなわち、大学進学を希望する高校生数より、大学の入学定員の方が多いために使われる言葉である。

　本章は第 1 節で大学を取り巻く環境と現状、第 2 節で地域経済における大学の意味、第 3 節で大学における地域貢献活動について述べる。

第 1 節　大学を取り巻く環境と現状

　少子化に伴い日本の人口は 2010 年をピークに翌 2011 年以降毎年減少している。18 歳人口はそれより早く 1992 年の約 205 万人をピークに翌 1993 年以降減少傾向にある。減少傾向にあるとは、減少していない年もあるということである。

　1993 年以降は大学進学率の上昇により大学進学者数を確保してきたが、進学率（進学者数）の増加より 18 歳人口の減少が大きく、大学進学者数は 2017 年の約 63 万人[1]をピークに翌 2018 年から減少し始めた。これが大学経営にお

1)　財務省「文教・科学技術（参考資料）」2022 年、11 頁、https://www.mof.go.jp/about_mof/councils/fiscal_system_council/sub-of_fiscal_system/proceedings/material/zaiseia20220408/04.pdf 、2022 年 8 月 31 日閲覧。

ける「2018 年問題」といわれるものである。2040 年に大学進学者数は約 51 万人[2]まで減少すると推定されている。2017 年と比較すると 2040 年の進学者数は 80%、すなわち 20% 減少すると推定されている。

それに対し大学数は、1992 年の 523 校[3]から 2021 年には 803 校[4]に 280 校も増加した。2017 年の 780 校[5]と比較しても 23 校増加した。そうしたなかで 2021 年の私立大学全体の入学定員充足率は 99.8% と初めて 100% を下回った[6]。さらに募集定員を下回った私立大学は 277 校におよぶ。これは全私立大学の 46.4% にあたる。定員充足率が 100% を下回ることは、「大学全入時代」が現実に到来していることを示している。

2019 年度から 10 年間は原則東京 23 区に立地する大学の入学定員が抑制されたことで、地方私立大学の定員充足率は回復しているが、大学進学者数が減少し続けていることからこれは一時的な現象でしかない。ただこれにより入学定員 1,000 人未満の地方私立大学の定員充足率が一時的であるが回復するというメリットもでている。

18 歳人口の減少は地方私立大学がその影響を最も受ける。なぜなら地方は、そもそも人口が少ないため受験生の減少が定員充足に直接響くからである。同じ地方でも国公立大学は、国公立大学というブランドイメージと授業料の低さにより、地方私立大学と比較すると影響が少ない。

定員充足率が低い地方私立大学は受験生に人気がないことから、入学難易度すなわち偏差値も低い。偏差値の低い地元大学に進学することは地方であるほど世間体を気にする父母・祖父母などから敬遠されることから 18 歳人口の減少による影響を大きく受ける。

---

2) 日本経済新聞 2018 年 6 月 26 日朝刊 38 面。
3) 文部科学省高等教育局「2040 年を見据えた高等教育の課題と方向性について」2 頁、https://www.soumu.go.jp/main_content/000573858.pdf 、2022 年 8 月 31 日閲覧。
4) 文部科学省「令和 3 年度 学校基本調査」https://www.mext.go.jp/content/20211222-mxt_chousa01-000019664-1.pdf、2022 年 8 月 31 日閲覧。
5) 文部科学省高等教育局、前掲ホームページ、2 頁。
6) 日本経済新聞 2021 年 10 月 26 日朝刊 29 面。

第 2 節　地域経済における大学の意味

　それでは地域経済にとって大学が存在することの意味（意義）は何であろう
か。大学に限ることではないが、昔から離島で高校がない場合、中学卒業と同
時に島を離れてそのまま帰ってこないことが問題だといわれた。島から若い人
が出ていき、戻ってこなければ、島の人口は必然的に減少する。それと共にま
すます高齢化が進行する。若い人たちがいなければ、島に活気がなくなってし
まうが、逆に若い人と子供がいるだけが島に活気がでる。離島に限らず地方に
若い人たちがいるだけで若い人たちの声により活気があるように思える。こう
した点を見逃すことはできない。

　また大学があれば周辺企業がその大学の卒業生を採用しようとすることか
ら、大学生がその地方に残ることにつながりやすい。大学がなければ地方企業
の新卒（大卒）採用も難しくなる。

　そして大学は高校までと違い授業時間数が少ないため、自由時間を作りやす
い。その自由時間にアルバイトをすれば、地方企業の労働力不足を補うことが
できる。また大学生がいるだけで、さまざまな消費需要が発生する。自由時間
が多く、アルバイトをしている大学生の消費需要はその地方の活性化につなが
る。さらに自由時間の多い大学生は、地域ボランティア活動等に参加する時間
を高校生より多く作れるため貴重な存在でもある。

　大学入試はそれが始まる時期から順に、総合型選抜（旧 AO 入試）と学校推薦
型選抜（旧推薦入試）そして一般選抜（旧 一般入試）の 3 つに分類することができ
る。近年、私立大学では総合型選抜と学校推薦型選抜で入学する高校生が増え
ている。一般的に総合型選抜と学校推薦型選抜では面接が実施されるが、面接
した受験生の多くは大学に入学したら地域ボランティア活動をしたいとか、企
業と連携した活動をしたいと答えることが多い[7]。すなわち、ボランティアや企

---

7)　ゼミ活動の一環として、特定の企業との連携活動を行っているゼミはその以外のゼミより人気が

業と連携した活動を行ってくれる大学生は地域にとって重要な存在である⁸⁾。

　それは地方だけでなく、三大都市圏の大学も同様であろう。コロナ禍において大都市圏の巨大大学ではオンライン授業により、大学生が大学（キャンパス）に通学しなくなった。それにより周辺飲食店が大きな影響を受けたことがテレビや新聞等で取り上げられた。特に大学周辺で昔から家族のみで営業していた飲食店は零細であることから、他の場所に移転したり、他の事業に転換することも難しく閉店や事業からの撤退を余儀なくされたりした。いわゆるチェーンの飲食店もコロナ禍で厳しい状況にあるが、家族経営の飲食店は他の選択肢がないだけに厳しい。他の選択肢がまったくゼロではないかもしれないが、限られた選択肢を実行できる経営資源は少ない。

　私の所属する常葉大学は現在、静岡県内に4キャンパスある⁹⁾。2017年度までは、東から富士キャンパス（富士市）、静岡瀬名キャンパス（静岡市）、静岡水落キャンパス（静岡市）、浜松キャンパス（浜松市）の4キャンパスがあった。それがJR草薙駅近くの工場跡地に2018年度に静岡草薙キャンパスを開校し、富士キャンパスを閉校したことにより、駅に近い静岡草薙キャンパスに学生が集中することになった。閉校した富士キャンパスに通学していた在校生は2018年度から静岡草薙キャンパスに通学することになった。これにより富士市から常葉大学の学生が消えることになった。

高い。その理由のひとつに就職活動において、学生時代に力を入れたこと、すなわち「ガクチカ」のネタづくりができるということがある。ゼミは大学3年（2年前期や2年後期）から始まることから、就職活動が間近に迫った学生が、そうしたゼミに所属することにより「ガクチカ」ネタを自ら探す必要がないという点にある。

8)　私自身は、地方自治体や一部企業が大学生を無料（タダ）で使えるから使おうとしているだけにしかみえない時がある。もちろんすべての地方自治体や企業というわけではない。しかしながら、学生の授業（特に期末試験）や休日のアルバイトを考慮することなく、地域ボランティアや企業との連携活動への参加を求められるのを見聞きするたび、こうした思いをもつ。大学入学時にボランティアサークルに入部する学生は、公務員（市役所）志望が多いと感じられる。アルバイトにおいても、アルバイトの人手不足により特定の学生にアルバイトの勤務時間（シフト）が集中し、授業、即ち単位修得に影響がおよんでいる学生がいるという事実が少ないながらある。私たちは、そのようなアルバイト先は辞めればよいとアドバイスするが、学生は簡単に辞められないという。

9)　常葉大学は、2013年度にそれぞれ別の大学名であった、富士常葉大学（富士市）、常葉学園大学（静岡市）、浜松大学（浜松市）の3大学が統合したものである。この3大学は別法人だったわけではなく、同じ法人内の大学であった。常葉学園大学は現在の静岡瀬名キャンパスにあった。

　私は経営学部経営学科の教員であるが、同学科は静岡草薙キャンパスと浜松キャンパスの 2 キャンパスにあり、入学定員は両キャンパスで 300 人である。[10]富士キャンパスと浜松キャンパスという、静岡県内の東西に分かれていた時の経営学科は、ほぼ 1 対 1 の比率の学生数であった。それが 2018 年度に静岡草薙キャンパスが開校したことにより、静岡草薙キャンパス経営学科と浜松キャンパス同学科の新入生比率に大きな差が生ずることになった。浜松キャンパス経営学科は現在も残っているが、立地がよく通学に便利な静岡草薙キャンパスに学生が集中している状況は今も変わらない。[11]

　この状況に対し地元の静岡新聞は、浜松キャンパス[12] の学生数減少は学生ボランティアや企業との連携活動といった地域貢献活動にも影響がおよぶ可能性があると記した。[13]学生数が減少した浜松キャンパスより、キャンパスがなくなった富士市の影響はより大きかったと思われる。

　常葉大学の事例からも、地域に大学があるか否かは地域経済にとって大きな影響があることを、身をもって感じる。

　こうした動きと関連があるかわからないが、4 年制大学のない岐阜県飛騨地方で、私立の「Co-Innovation University（仮称）」の設立・開学準備が進められている。[14]もともと人口の少ない飛騨地方、さらに大学進学者数も減少し始めたこの時期に私立の新しい 4 年生大学を開学して経営が成り立つのか注目したい。特に、どのような学部・学科、そしてカリキュラムになるかが鍵を握ると考えられる。一般的にこうした状況・環境下で新しい大学を開学する場合、特殊な学部・学科、そしてカリキュラムをつくると思われるが、そうした学部・学科で特徴をだすことはもちろん必要であるが、元々飛騨地方に住む一般的な高校生が進学したいと思うような、すなわち、多くの大学にあるような学部・

---

10) ひとつの経営学科のため、カリキュラムだけでなく、シラバスも同一である。
11) 浜松キャンパスは、現在の 4 キャンパスの中で最寄りの JR 駅から最も遠い。閉校した富士キャンパスは浜松キャンパスより最寄りの JR 駅から近かった（バスで半分程度の時間）。浜松市内から静岡草薙キャンパス経営学科に通学する学生もいる。
12) 浜松キャンパスには、経営学部と健康プロデュース学部そして保健医療学部の 3 学部がある。
13) 静岡新聞 2018 年 7 月 14 日朝刊 29 面。
14) 初めは、「飛騨高山大学（仮称）」という大学名での開学を目指していた。

学科そしてカリキュラムがなければ、地元飛騨地方の高校生の進学につながらないと思われる。特殊な学部・学科をつくった場合には、他地域の高校生を集めることができるが、特殊な学部・学科であるほど対象が限られることも理解しておかなければならない。

　国が地方国立大学の入学定員を増やす取り組みを進めているが、定員を増やしても他都道府県から進学してくるのであれば、大学4年間に限り人が増えるだけであり、あまり大きな効果はないと考えられる。逆に地方国立大学は、他都道府県から進学してきた学生を出身地に返さないような努力が必要である。

　最近、入学定員を下回る地方私立大学を公立化する試みも行われている。それにより入学志願倍率が上昇しそれまで入学定員充足率が1を下回っていた大学も1を上回る効果がみられる。しかしながら公立化すると受験生が広域から集まるため地域内入学率は低下する。また地域内就職率も低下する。

　すなわち地方こそ大学の存続が求められるが、経営状態が芳しくない私立大学を公立化することがよいかの検証が求められる。なぜなら、同じ都道府県内にある他の私立大学の入学志願倍率や入学定員充足率に大きな影響をおよぼすと考えられるからである。すなわち、ひとつの地方私立大学を公立化により救ったことで、他の私立大学の経営状態を悪化させる可能性があるからである。私は以前沖縄国際大学に在職していた。2010年度から同県北部の名桜大学が公立化されたのに伴い、沖縄国際大学の受験者数が減少した。減少したのは沖縄国際大学だけでなく、同県の他大学も同様であった。

第3節　大学における地域貢献活動

　日本全国の多くの大学において、地域貢献活動が行われ新聞やテレビ等で取り上げられている。文部科学省が2021年3月発行した「地域で学び、地域を支える。大学による地方創生の取組事例集」では、全国38の大学における地方創生の取組事例が紹介されている。

　本節では、私が勤務する常葉大学の地域貢献活動についてまとめる。常葉大

学全体の地域貢献活動を統括しているのは地域貢献センターである。地域貢献
センターは、静岡草薙キャンパスが開校した 2018 年 4 月に開設された。

　他大学の多くもそうであろうが、常葉大学は 2022 年 4 月時点において、12
の地方自治体等との協定を締結している。こうした協定は新聞やテレビで取り
上げられることが多いため、双方にとってメリットがある。特に地方自治体側
はこうした協定書を基に大学側にサポートを求めやすくなる。

　前任の沖縄国際大学も地域企業等と連携した活動を行っているが、現時点の
同大ホームページには地域貢献活動を統括する部署が見当たらない。「地域で
学び、地域を支える。大学による地方創生の取組事例集」に取り上げられるか
否かは、大学が専門部署をもっているかの違いよるものではないかと思われる。

　大学と地方自治体との連携、そして学生と特定企業との取り組みは、大学が
立地する地域との関係を深めるものであり、地域そして地域経済に大きな影響
や役割を果たしている。こうした取り組みを増やしていくべきであり、大学側
はもっとアピールすべきである。

　一般的にはこうした肯定論で締めくくられることが多いが、前述の脚注の通
り、学生は平日に授業があり夕方以降や休日にはアルバイトを入れていること
が多い。そうした学生の予定や都合を無視して地域貢献活動等を行わせようと
することには注意が必要である。大学進学率の上昇により、これまで大学に進
学することができなった学生も奨学金によって大学に進学するようになってい
る。しかしながら奨学金の支給基準に学業成績がある。地域貢献活動等により
学業成績に悪影響をおよぼすことがあってはならない。また学生がアルバイト
をするのは奨学金を返済資金の一部とすることもある。そうした事情も考慮し
て地域貢献活動等を行っていく必要がある。そうしなければ地域貢献活動を継
続することができないし、相手先にも失礼にあたる。もちろん地域貢献活動を
行う学生がいることにより地域や地域経済に貢献していることは間違いなく異
論もない。

　また地域貢献活動に強い意欲をもつ学生が新しいサークルを立ち上げること
もあるが、そうしたサークルは立ち上げた学生が卒業するとともに活動も停滞

することがある。そうしたことも含めて、大学が責任をもって対応していく必要がある。そうしたことからも大学内に専門部署を設立する必要がある。

おわりに

　本章では、第1節で、人口減少そのなかでも18歳人口の減少が大学経営に大きな影響をおよぼしていることをまとめた。第2節で、地方に大学があることにより、地方から三大都市圏などへの若者の流出を食い止められること、学生がいることより地域や地域経済に大きな影響をおよぼしていることをまとめた。本来、常葉大学富士キャンパスがなくなったことによる富士市の影響を調査・分析するべきであったが時間の制約や資料の制約によりできなかった。第3節では大学における地域貢献活動と専門部署の必要性についてまとめた。

　大学は地方に限らず特定の場所に立地・存在することにより地域や地域経済に対し大きな影響と役割を果たしている。これは通信制大学では果たせないものである。大学は18歳人口の減少と大学全入時代をどう乗り越えていくか真剣に考える時期にきている。

　なお、東京23区の大学の入学定員抑制がデジタル系の学部・学科に限り2024年度から緩和される見通しとなったことが、2023年2月17日の新聞で発表された。

【参考資料】
常葉大学地域貢献センターホームページ、https://www.tokoha-u.ac.jp/community/center1/、
　2022年8月31日閲覧。

第6章 地域活性化とeスポーツの需要*

はじめに

　eスポーツとは「電子機器を用いて行う娯楽、競技、スポーツ全般を指す言葉であり、コンピューターゲーム、ビデオゲームを使った対戦をスポーツ競技として捉える際の名称」のことである。ビデオゲームでの対戦をスポーツ競技として扱うことによって、集客力を有する野球やサッカーなどの伝統的スポーツと同様、eスポーツ大会にもスポンサー企業が協賛し、選手に対し入賞賞金が支払われる。磯貝浩久・西薗秀嗣によればeスポーツにおける賞金総額が最も高い大会は、Dota2 というゲームタイトルで競技がおこなわれる「The International」という大会である。その名前の通り、これまでシアトル、バンクーバー、上海、ブカレストなどの都市が開催場所となり、世界各地で大会がおこなわれてきた。図 6-1 は 2015 年から 2021 年までの、「The International」の賞金総額の時系列を示したものである。

　図 6-1 を見ると賞金総額は単調に増加し続け、この 5 年間で 2 倍になり、2021 年度は約 4 千万ドルに達していることがわかる。この 4 千万ドルという金額は、例えば日本のプロ野球で言えばほとんどの球団の年俸総額を上回るため、選手の報酬の面から見てeスポーツは伝統的なスポーツと同等以上の規模を有していると考えられる。

---

* 本稿は岡山商科大学渡辺ゼミの学生と協力して実施した学内eスポーツ大会やアンケート調査により得られたデータに基づいている。
1)　一般社団法人日本eスポーツ連合オフィシャルサイト、https://jesu.or.jp/contents/about_esports/、2022 年 12 月 17 日閲覧。一般社団法人日本eスポーツ連合の定義による。
2)　磯貝浩久・西薗秀嗣『eスポーツの科学』ベースボール・マガジン社、2021 年。

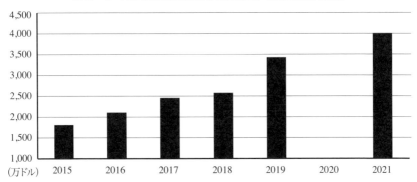

図６−１　The International（Dota2）の賞金総額の推移

注：2020 年は新型コロナウイルス感染症流行の影響で開催が延期されている。
出所：Esports Earnings「Tournament Rankings」2022 年、https://www.esportsearnings.com/tournaments、
　　　2022 年 12 月 17 日閲覧。

　ところが日本国内のｅスポーツの現状へ目を向けると、海外とは様子が変わってくる。磯貝・西園は、NTT ドコモが主催したｅスポーツ大会の賞金総額 3 億円が国内最高額であり、海外と比較して少ないため、ｅスポーツのスキルだけでは選手が十分な収入を得るのが難しいという点を指摘している。[3] 諸外国と比較して日本のｅスポーツの市場規模は大きいわけではなく、産業としても発展途上にあるというのが現状かもしれない。総務省は、アメリカでドットコムバブル（IT バブル）が起こった 2000 年頃から諸外国ではパソコン（PC）が一般家庭やインターネットカフェに普及し、PC ゲームのプレイヤーが増加したことでｅスポーツが注目を集めるようになったと述べている。[4] しかし日本では 2000 年以降も PC ゲームより家庭用ゲーム機やスマートフォンゲームの利用者が多数派であり、その後しばらくｅスポーツの盛り上がりには追従していなかったというような考察がなされている。

　実際、日本のｅスポーツの大会開催実績を調べてみると、海外のような“伝統的なプロスポーツに匹敵するスポーツ産業”という印象からは程遠く、むし

3)　同上。
4)　総務省「ｅスポーツ産業に関する調査研究 報告書」2018 年。

ろ“町おこしのための手段”としてｅスポーツが捉えられることが多いようである。総務省では第 2 章 第 2 節「各地域における ICT を用いた課題解決の取り組み」において、ｅスポーツが地域活性化という文脈の中で言及されている。観光地におけるｅスポーツの応用例が紹介されており、その内容を短くまとめると、「観光地において旅館業やサービス業に従事する就労者は就業時間が長く、余暇の時間を十分に確保できずに不満を覚えており、そのことが離職の原因になっている。そこで観光協会の後援を得てｅスポーツ大会を開催した。こうした娯楽文化が地域に根づくことによって、就労者の余暇時間について満足度が向上する。それにより若い世代の地域定着や観光客の増加が期待できる。[5]」というものである。

　総務省が期待するような、ｅスポーツへの参加を通した若い世代の地域定着や観光客の増加が実現するためには、若い世代がゲームに興味を持っておりｅスポーツ大会に参加したいと考えるか、また若い世代がｅスポーツ大会を体験し満足感を得て再び参加したいと考えるか、という 2 つのポイントに関して日本の地域社会に属する若年者の動向を前もって確認しておくことが重要であろう。ｅスポーツによる地域活性化の効果や今後の国内市場規模の拡大を見積もる際に、日本に何らかの特有の傾向があるという可能性を最初から除外し、諸外国におけるｅスポーツの隆盛を前提として論を進めてしまうのは些か性急にも感じられるためである。

　そこで本稿では、実際にｅスポーツに関するアンケート調査を実施し、そこで得られたアンケートデータを分析して考察をおこなう。本稿の構成は以下の通りである。第 1 節で地域振興の意義を確認しつつ、地域振興とｅスポーツの関係性を議論する。第 2 節でアンケート調査の概要を示し、収集したデータの内容を記述する。おわりにで結論を述べる。

---

5)　総務省『令和 2 年版 情報通信白書』2020 年、112-115 頁。

第1節 地域の閉塞感と人口問題に関する先行研究

1. 地域おける資金需要・資金供給の視点

　日本においてeスポーツを活用した地域振興の研究はいくつか存在するが、「なぜ地域振興が必要なのか」という点にまで言及したものは少ない。多くの先行研究にとって、地域振興の必要性は前提であり、地域振興の方法としてeスポーツを用いた事例を紹介するという研究内容が一般的なようである。本稿では振興策としてeスポーツを検討する際に前提となる「地域振興の必要性」を議論の出発点としたい。ただし、地域振興の必要性を包括的に議論することは本稿のレベルを超えるため、まず「地域の金融」という視点から小倉義明の内容を紹介することを通して地域振興の必要性を考えることにする。

　まず地域振興の必要性の背景にあるのは、人口問題であると言われている。少子高齢化により人口が減少することで、経済が衰退するということが指摘される。小倉は「生産年齢人口の減少は、供給可能な労働力の減少を通して供給制約となる。また、生産年齢人口が減少すれば、相当な出生率の増加がない限り、いずれ総人口が減少し始め、さまざまな材・サービスへの需要縮小につながることが予想される。[6]」と述べている。このように人口減少は総需要・総供給に制約を課し、経済規模が縮小してゆく要因となる。しかし一方で、昨今話題になっているAI（人工知能）の活用を含め、もしもオートメーション化が労働を置き換えるということになれば、労働生産性は向上し、労働力の制約はそれほど供給制約とはならないのではないかとする議論もある。

　小倉はオートメーション化が進んでいるかどうかを推測するために、1961年から2018年までの毎年の日本企業の投資キャッシュフロー（有形・無形の固定資産を購入するために企業が支出した金額）と営業キャッシュフロー（事業から得た現金収入）を集計した。もしも投資キャッシュフローが営業キャッシュフロー

---

6)　小倉義明『地域金融の経済学』慶應義塾大学出版会、2021年。

を上回っていれば企業が投資に積極的であり、労働の制約を前提に投資拡大を測っているとする仮説と整合的である。ところが、集計の結果によれば、投資キャッシュフローが営業キャッシュフローを上回っているのは高度経済成長期とバブル経済の時期だけであることが示されている。このことから、集計値で見ると企業側の態度としては投資に慎重であり、オートメーション化の促進を裏付けるような傾向を見て取ることは難しいことがわかる。[7]

　このように、企業側（資金需要側）から見ればオートメーション化は支持されないものの、金融機関側（資金供給側）からの視点も気になるところである。銀行による貸出の増加が観察されれば、投資の増加を期待することができるかもしれない。しかし結論から述べると、資金供給側から見ても供給制約を見越した投資が行われているという示唆は得られない。小倉は国内銀行による都道府県ごとの貸出残高の成長率と生産年齢人口の成長率の関係を回帰分析により調べている。それによれば、貸出残高の成長率と生産年齢人口の成長率には正の相関が観察され、生産年齢人口成長率が低い都道府県ほど、貸出残高成長率も低い傾向があるということが示されている。この結果は、労働制約に対応するために投資が行われているという主張とは矛盾する。結局のところ、資本による労働の置き換えという点に関して、日本は人口減少に対してうまく対応できているとは言い難い状況である。

2.　出生率、婚姻率、および恋愛経験に関する近年の動向

　少子化の問題に対しては、「移民の受け入れ」「出生率を上げる」という対策がしばしば議論される。これらの話題について直近のデータを参照しながら検討してゆく。まず出入国在留管理庁によれば、日本国内の 2021 年 6 月時点の永住者数は約 81.8 万人である。[8] 他方、日本の近年の人口減少数は図 6-2 に示されている。

---

7)　2022 年現在、小売業やチェーンの飲食店などにおいて、特に支払の自動化が行われているように見えるため、オートメーション化が進んでいる可能性があることには留意する必要がある。小倉も 2017 年以降、投資の水準が高まっている点は注視すべきであるとしている。
8)　出入国在留管理庁「在留資格別在留外国人数の推移」第 2 表：令和 3 年 6 月末、2021 年。

図6-2 日本の人口減少数

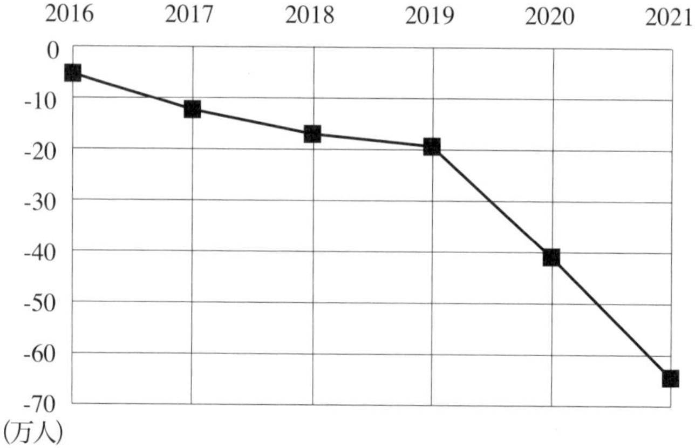

出所：総務省統計局「人口推計：(参考表) 全国人口の推移」2022 年のデータを入手した。

　図6-2 によれば 2021 年の減少数は約 64.4 万人であり、年々減少数が増加していることがわかる。2022 年の減少数は確定していないものの、厚生労働省が 2021 年 1 月から 2021 年 5 月までの減少数と 2022 年 1 月から 2022 年 5 月までの減少数を 2022 年 6 月時点で比較している。それによれば 5 ヶ月間の減少数は 2021 年では約 28.6 万人であるのに対し、2022 年では約 34.5 万人となっており、直近のデータを見ると、減少の速度は加速しているようである。したがって、2022 年の減少数は 64.4 万人を超えるものと思われる[9]。永住者 81.8 万人という数字はストックであり、人口減 64.4 万人という数字はフローであることに留意されたい。政府は少子化問題に対応するための政策として「外国人の受け入れ」を拡大しているわけではなく、実際、上記の数字から考えると少子化問題に対する影響は現時点では限定的である[10]。

---

9) 厚生労働省「人口動態統計速報 (令和 4 年 5 月分)」2022 年。参考までに記すと、2022 年 6 月時点で島根の推計人口は約 66 万人、鳥取県の推計人口は約 54 万人である。これらの数字と比較すると、フローで 64.4 万人という人口減少のインパクトの強さがわかる。
10) 2022 年 6 月時点で技能実習生等を含めた在留外国人の総数は 282.4 万人であるが、これも 2020 年末の 288.7 万人と比較して減少している。

　次に日本人の「出生率を上げる」ことで少子化に対応できるか、という観点
から検討してみよう。子供が生まれるためには、基本的には男性と女性の存在
が必要であるが、婚姻は出産の必要条件ではない。厚生労働省の資料によると、
2008 年時点においてスウェーデンは非嫡出子の割合が 54.7%、デンマークが
46.2%、フランスが 52.6%、イギリスが 43.7%、アメリカが 40.6% である一方、
日本は 2.1% に留まっている[11]。厚生労働省の人口動態調査により集計された非
嫡出子の割合の時系列データを示したのが図 6-3 である。

　やや右上がりのように見えるが、2% 前後で安定的に推移している。したがっ
て、結婚を経ない出産は日本では少数であり、その事実が相当期間継続してい
るということが観察される。

　他方、日本の婚姻率については高度経済成長の頃に増加していたものの、そ
の後（90 年代後半以外は）減少傾向にある。近年の日本の婚姻率の推移を示した
のが図 6-4 である。婚姻率の減少トレンドは安定的であり、今後も継続する
ことが予想される。

　図 6-3 において非嫡出子の割合が低く安定していることは確認できたが、
嫡出子の数が経時的にどのように変動しているのか気になるところである。余

図6-3　非嫡出子の割合

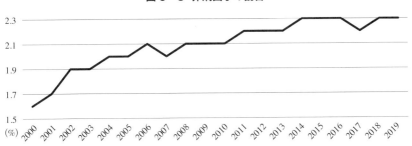

出所：厚生労働省「人口動態調査：嫡出子－嫡出でない子別にみた年次別出生数及び百分率」2021
　　　年のデータを入手した。

---

11) 厚生労働省『平成 25 年度版 厚生労働白書』2013 年、56 頁。

図6−4 婚姻率

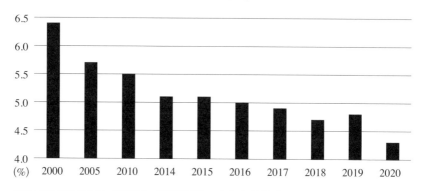

出所：厚生労働省「人口動態調査：都道府県別にみた年次別婚姻率」2020年。

田翔平・岩澤美帆は1977年から2015年までのデータを用いて夫婦の出生率（合計結婚出生率）を計算している[12]。余田・岩澤によれば、合計結婚出生率は2000年以降、およそ2で推移している。2005年以降は増加傾向にあり、直近では2を上回っている[13]。ただし、結婚している夫婦がもうける子どもの数が僅かに増加傾向にあったとしても婚姻率の低下を相殺して出生率の低下を妨げるには至っておらず、人口増加に対するインパクトはまだ限定的である。

　ここまでの議論をまとめると：①日本の人口に占める非嫡出子の割合は安定的に低い。②日本の婚姻率は安定的に低下してきている。③夫婦がもうける子供の数はおよそ2人前後である。以上のことから、日本の人口減少に対応するためには、他の条件を一定として、(i)非嫡出子が増える、または(ii)婚姻率が上がる、あるいは(iii)夫婦がもうける子供の数が増えることが必要であるということがわかる。

　子育て支援策のあり方によっては、(iii)は実現することがありうると思われる。

---

12) 合計結婚出生率については、国立社会保障・人口問題研究所「第14回出生動向基本調査」2011年などを参照せよ。

13) 余田翔平「期間合計結婚出生率の趨勢とその背景」余田翔平・岩澤美帆『人口問題研究』第74巻第3号、2018年、212頁。

実際、夫婦がもうける子供の数が近年微増傾向にあるのは、政府による子育て支援策や労働関係の法律の整備が行われたことが理由であろう。ただし、夫婦がもうける子供の数が増加したとしても、人口に対する影響の程度は婚姻率の減少トレンドの強さに依存して弱まってしまう。

　(i)が実現するためには法律の整備だけでなく、日本人の価値観の変化が必要になるが、最近はソーシャルメディアを通して若年者が多様な価値観に触れる機会が増えているため、長期的には婚外子に関して欧米と価値観の統合が進む可能性はあるかもしれない。(ii)に関しては、厚生労働省が恋愛結婚と見合い結婚の割合を調査しているので、その結果を図 6-5 に示す。1945 年から一貫して恋愛結婚が増えており、見合い結婚が減っている。このことから、現在においては恋愛が結婚に至る重要な要因であることがわかる。

　(i)と(ii)に関して共通して言えることは、結局のところ男女の出会いの経験が鍵になっているということである。しかし残念なことに、出会いの経験について悲観的な結果が得られている。内閣府は 20 代の独身者、および 30 代の独身者に対して、これまでのデートした人数を調査した。それによれば、一度も

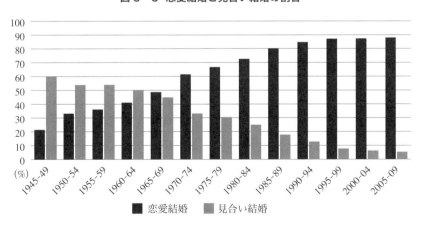

図 6－5　恋愛結婚と見合い結婚の割合

注：その他・不詳と回答した者がいるため恋愛結婚と見合い結婚を足しても 100% にはならない。
出所：厚生労働省『平成 27 年度版 厚生労働白書』2015 年、72 頁。

デートしたことのない 20 代男性は約 40%、30 代男性は約 35% であり、20 代女性は約 25%、30 代女性は約 20% という回答が得られている。[14] 日本の人口減少を説明する重要な要因は、子育て支援策不足や結婚の不足だけでなく、出会いの不足であるとも考えることができるのかもしれない。

第 2 節　e スポーツの需要についての検討

1.　大学生に対するアンケート調査

　大西達也・城戸宏史も「地方創生」政策の説明の中で「最大のテーマは日本全体の人口問題の解決[15]」であると述べているが、前節までの議論を踏まえると人口問題への対応を目的とする政策のあり方としては子育て支援策不足や結婚の不足に向き合うだけでなく、出会いの不足を直視しなければいけないという点が認識される。e スポーツイベントが、趣味が似たもの同士が対面で時間を共有する場として機能し、地域の出会いをもたらす場所として活用される可能性はあるのだろうか。e スポーツイベントが活用されるためには、(少なくとも) 人々が「イベントに参加して満足すること」が最低限必要な条件であろう。

　e スポーツイベントの参加者として想定される若年者の傾向を把握するために、2021 年 7 月 13 日から同月 21 日までの期間に岡山商科大学の学生をサンプルとしてアンケート調査を実施し、有効回答者数 194 人分の回答結果を得た。まずそもそも大学生がどの程度ゲームに親しんでいるのかを調べるために「週に何日ぐらいゲームをしますか」という質問をした。その回答結果を示したのが図 6-6 である。

　「ほとんど毎日」という回答者だけでも過半数に達し、「週に 4 〜 5 回」「週に 2 〜 3 回」まで含めると、日常的にゲームをする習慣がある回答者の割合は80% に達する。このことから、大学生はゲームに対して興味をもっていることがうかがえる。次に「普段どのようなジャンルのゲームをプレイしますか (複

14) 内閣府『令和 4 年版 男女共同参画白書』2022 年、51 頁。
15) 大西達也・城戸宏史『地方創生の地域経営』金融財政事情研究会、2020 年、11 頁。

図6-6 「週に何日ぐらいゲームをしますか」に対する回答数

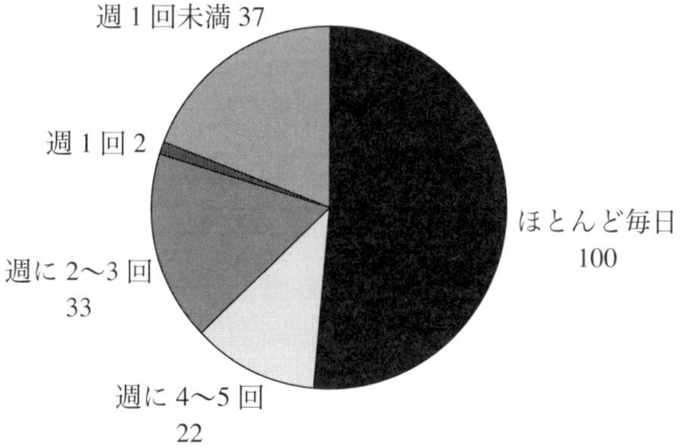

週1回未満 37

週1回 2

週に 2〜3 回
33

週に 4〜5 回
22

ほとんど毎日
100

出所：筆者作成。

数選択可）」という質問をした。その回答結果を示したのが図6-7である。

　図6-7によれば「アクションゲーム」や「シューティングゲーム」という回答が多く、対して「ロールプレイングゲーム」や「アドベンシャーゲーム」「レーシングゲーム」は少ない。「アクションゲーム」や「シューティングゲーム」はeスポーツとしての適合性が高いため、この結果は大学生がeスポーツへ参加しやすいことを示唆している。

　ところがeスポーツとはやや不整合な、日常のゲームプレイに関する実態も明らかになった。「普段どのようなゲーム機を使ってゲームをしますか（複数選択可）」という質問に対する回答を示したのが図6-8である。

　まずパソコンでゲームをするというケースは主要な据置型ゲーム機（Nintendo Switch と PlayStation4）と比べ、少ないことがわかった。据置型ゲーム機としては比較的 Nintendo Switch と PlayStation4 の利用機会が多いが、その2つを合わせても、スマートフォンよりは利用機会が少ないという結果となった。結局のところ、スマートフォン・据置型ゲーム機・パソコンの順にゲーム機としての利用機会が多いことがわかった。最後に「今までにeスポーツの大会に参加したことはありますか」という質問をしたところ、194人中11人（5.7%）のみが

図6−7 「普段どのようなジャンルのゲームをプレイしますか」に対する回答数

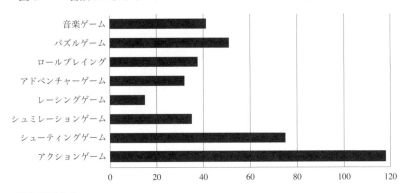

出所：筆者作成。

図6−8 「普段どのようなゲーム機を使ってゲームをしますか」に対する回答数

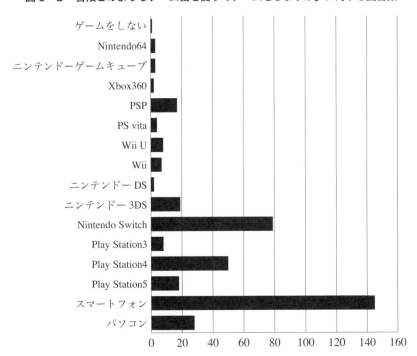

出所：筆者作成。

参加経験があるという回答であった。

　アンケートの結果は次ようにまとめることができる。ゲームをプレイする頻度自体は多く、e スポーツと親和性の高いゲームジャンルをプレイするものの、大学生の多くがスマートフォンによるゲームプレイを好む傾向にある。e スポーツの大会に参加した経験のあるものは少数派であることも明らかになった。これらの傾向から単純に推測すると、e スポーツの大会を催したとしても参加者は楽しむことができず、盛り上がりにも欠ける可能性が考えられ、「趣味が似たもの同士が対面で時間を共有する場の提供」という目的が達成されないのではないか、という疑問が浮かぶ。

2.　e スポーツ大会参加後の満足度調査

　2021 年 9 月 1 日に岡山商科大学内で e スポーツのイベントが企画され、経済学部を中心に参加を呼びかけたところ、12 人の参加があった。13 時から 2 時間ほどかけてトーナメント戦を実施した後、上位 4 人で総当り戦をおこない、入賞者を決定した。大会終了後に満足度調査のためのアンケートを実施した。アンケートの中で、まず「週に何日ぐらいゲームをしますか」という質問をしたところ、「ほとんど毎日（2 人）／週 3 日～ 4 日（3 人）／週 2 日～ 3 日（4 人）／週 1 日未満（3 人）」という回答であった。図 6-6 と見比べてみると、おおよそ同じような分布か、ややゲームに対して消極的な者が多いかもしれないという印象である。「e スポーツの大会に参加するのは初めてですか」という質問をしたところ、全員が初めて参加したと回答した。

　筆者はこの e スポーツイベントがおこなわれた教室に滞在し、成り行きを観察していたが、イベント自体はかなり盛況であったように見受けられた。実際、「この大会の満足はどのくらいですか」という質問に対して、「非常に不満である／やや不満である／どちらともいえない」と回答した者はおらず、全員が「非常に満足している／やや満足している」と答えた。

　このような満足度の高さの理由が気になるところである。「大会の進行の段取りや速度についてどのように感じましたか」と質問したところ、回答は「満

足（8人）／どちらかといえば満足（3人）／どちらともいえない（1人）／どちらかといえば不満（0人）／不満（0人）」という結果であった。その理由を自由記述方式で尋ねたところ、次のような回答が集まった（原文ママ[16]）。

・楽しそうに運営していた。

・渡辺ゼミの皆さんで頑張っている雰囲気を感じられて、これこそゼミ活動だよな。と再認識できたから。

・スムーズに進んでいて良かった。

・不備なく楽しく進行されていた。

・滞りなく、ぐだぐだにならず進行していたと思うからです。

・予定通り進められた。

・大会の進行度合いをうかがいながら、予定通りの時間で閉会式まで行われていた。

・盛り上がったから。

・比較的スムーズだったため。

・次の対戦への移行がスピーディー。また、大画面モニターと普通のモニターの両方でプレイ出来るため、進行が速い。

・実況が面白かった。

　以上のように、イベントの運営のあり方に対する支持は得られているようである。小規模なeスポーツイベントをおこなう場合、賞金総額はもとより、イベントの段取りや進行のあり方が成功（参加者の満足）の鍵となるのかもしれない。

おわりに

　筆者が物心ついたのは、ちょうど平成がはじまった頃であり、スマートフォンはおろか常時接続のインターネットも普及していなかった。スマートフォン

---

16)「どちらともいえない（1人）」を選択した者に理由を聞いたところ、「大体の進行の時間がわかっていればよかったなと思ったから」という回答であった。

もインターネットもなかった時代に「ストリートファイターⅡ」が発売され、少年たちはゲームセンターに集まり、見ず知らずの相手と対戦するという遊びが流行った。アーケードゲーム機のまわりにギャラリーが集まり、どちらのプレイヤーが勝つのか固唾を飲んで観戦した。おそらく、これが日本におけるｅスポーツの原型であろう。それから 30 年が経ち、時代は令和に移り変わったが、10 代の若者は一人で四角い iPhone を両手で掴み、小さな画面を見ながら無言で FPS をプレイしている。インターネットで繋がったはずのプレイヤーたちが、むしろ孤独になっていっているように見えるのである。ゲームを通じて対面で他人と結びつくという機会を逃していると考えることもできる。

　本稿で紹介したように実際にｅスポーツ大会を開催してみると、予想以上の盛り上がりを見せ、参加者の満足度は高かった。このことからすると、対面でのゲームプレイに対して現代の若年者は「食わず嫌い」であり、実は潜在的なｅスポーツの需要があるのかもしれない。日本のｅスポーツ大会は、今のところ海外のような"伝統的なプロスポーツに匹敵するスポーツ産業"というよりは、"町おこしのための手段"として行われることが多い。今後、ｅスポーツが対面で結びつくきっかけとなり、人々の交流を促進し町おこしが成功し、人口にもポジティブな影響をあたえることができれば、地域活性化に貢献したと言えるだろう。そのためには「食わず嫌い」の若年者を楽しませるための主催者側の施策（賞金だけでなく、イベントの段取りや進行のあり方）が重要になってくるように思われる。

【参考文献】

筧誠一郎『続・ｅスポーツ地方創生』白夜書房、2021 年。

第 7 章 地域活性化と伝統産業

はじめに

　近年、都市部への人口集中は一段と進み、「地方」といわれる地域の労働力
の減少や高齢化の加速は深刻な課題である。経済産業省地域経済産業グループ
が 2016 年に発表した報告書によると、「リーマンショック以降、地域経済を支
えてきた産業は低迷した。このため、新規投資が十分に回復せず、地域経済の
好循環に十分つながっていない。[1]」と記述されている。実際のところ、地域経
済は 2011 年以降、コミュニティや集落機能の維持が困難になり衰退する自治
体が目立ち始めた。それは、地域における伝統産業の衰退が大きく関係する。
また、地域独自の歴史や文化の消滅の危機も懸念される。本章では、地域活性
化に向けた伝統産業の現状と課題、さらに伝統産業の今後の見通しと在り方を
述べる。

第 1 節　地域活性化の必要性と取組

　地方創生とは、東京一極集中を改善するため、各地域がそれぞれの特徴を活
かし、自律的かつ持続的で魅力ある社会を創り出す政策で、2014 年に第 2 次
安倍改造内閣発足後の記者会見で発表されたものである。そして、この実現に
向けた取組の結果が地域活性化だと説明できる。地域活性化の必要性が問われ
るようになった理由として、「地方」と呼ばれる地域の人口流出や高齢化によ

---

1)　経済産業省地域経済産業グループ報告書「地域産業経済政策の現状と今後の在り方について」
　　2016 年 11 月、2 頁。

る課題が明確化したことが大きい。具体的には、商店街の衰退、地域コミュニティの衰退、経済の持続性低下、医療施設や教育施設の不足、公共施設維持の困難、巨大災害への備え不足などである。

　地域活性化を目指した取組には、地域資源（特産品）のブランド化や商品開発、産官学の連携、地域住民を巻き込んだ交流、地場産業や伝統産業の復興に向けた取組、観光イベントや体験型観光の企画・開催などがあげられる。このように取組はさまざまであるが、重要なことは一過性のものではなく、持続可能なモデルを形成し、多くの関係者からの支援を得ることが重要となる。成功例の多くは、就業の機会（雇用の創出）に関わる取組が多く、それは、人口の流出を防ぎ、税収の確保にも繋がっている。

第2節　伝統産業の現状と課題

　本書でいう「伝統産業」の範囲を、経済産業省が定める「伝統的工芸品」に関連する産業とする。伝統的工芸品の理解はさまざまあるが、経済産業省が定める「伝統的工芸品」は、①主として日常生活の用に供されるもの、②その製造過程の主要部分が手工業的、③伝統的な技術または技法により製造されるもの、④伝統的に使用されてきた原材料が主たる原材料として用いられ、製造されるもの、⑤一定の地域において少なくない数の者がその製造を行い、またはその製造に従事しているもの、という5つの項目を全て満たし、伝統的工芸品産業の振興に関する法律に基づく経済産業大臣の指定を受けた工芸品を意味している。

　伝統産業に類似する語句に「地場産業」がある。地場産業について、大辞林には「その地方の資源・労働力を背景に古くから発展し、その知に定着してい

---

2)　熊坂は、「『地場産業』の中で、『伝統的な技術・技法、伝統的な原材料を使って、古来より民衆の日常生活に用いられてきた生活用品を工芸品とする産業』」を「伝統的工芸品産業」と呼んでいる（熊坂敏彦「『地方創生』における『地場産業振興』の重要性－笠間焼産地等の革新的取組みに学ぶ－」『筑波経済月報』2014年12月号、所収）。

る産業」と記している。³⁾しかし、伝統産業と地場産業は、「古くから存在する」
「特定地域に限定される」といった共通要素があるため、多くの研究をみても
明確に定義されているものは少ない。ここで、伝統産業は、「伝統的技術や技法
によってその地域に古くから存在する産業」であり、地場産業は、「その地域
の気候や立地条件を生かして次第に定着した産業」と簡潔に説明しておく。

　伝統産業は、雇用の維持・創出や伝統の維持という意味でも地域経済に与え
る影響は大きい。その存在は地域経済の基盤ともいえる。しかし、伝統産業全
体の生産額は大きく減少した。生産額の数値を見ると 1983 年から 2016 年まで
に 6 分の 1 程度減少した。伝統産業衰退の原因として次のことが考えられる。⁴⁾

①産業構造が変化した。第一次産業の縮小によって農村人口が減少し、中小規
　模を主体とする伝統産業の企業は減少した。また、地域の天然の原材料を用
　いて製造する地場産業も衰退した。

②道路整備や宅地化が進み、都市とのアクセスが良くなったことで地域的企業
　集団という構図が崩れた。

③生産技術の向上、合理化によって、大量生産・大量消費が主流となった。ま
　た、メディアの発達やインターネットが普及するにつれて、こうした環境に
　順応できない古くからの販売手法では対応できなくなった。規格化・標準化
　された低価格の生活用品が大量に供給・消費されたことは、丹精に 1 つ 1 つ
　を作り上げるところに特徴がある伝統産業が衰退した大きな要因といえる。

④需要が満たされるにつれて消費者行動が変化した。1 つのものを長く使うと
　いう意識から使い捨てへと変わった。市場に次々と商品が現れることでそう
　した消費者意識は変化した。

⑤家族構成が変化した。経済の発展につれて家族が都市部に移住したことで核
　家族化はさらに進行した。これによって、地場産業や伝統産業が受け継がれ
　にくくなった。

---

3)　松村明編『大辞林 第 4 版』三省堂、2019 年。
4)　一般財団法人伝統的工芸品産業振興協会ホームページ、https://kyokai.kougeihin.jp/current-
　situation/、2022 年 8 月 15 日取得を参考に筆者加筆。

⑥雇用形態が変化した。その背景には、従来の経営家族主義が薄らいだことが関係すると考えられる。労使関係において、使用者が「親」で労働者が「子」という関係は企業の大規模化によって薄らいだ。これは、使用者と労働者の双方が労働生産量を重視したことにある。結果として雇用形態、給料、休日、福利厚生などに影響を与えた。

⑦生活様式が変化した。異文化の融合、原材料の変化、生活様式の洋風化、新技術の導入などに対応できない企業は衰退した。

　以上のように伝統産業は、経済成長に伴う生活様式や企業形態・雇用形態などの変化に大きく影響を受けた。生産額の減少は、雇用の減少につながる。こうした地域における雇用の減少が、人口の流出と地域経済の低迷の原因になっていると考えられる。

第3節　伝統産業を基盤とした地域活性化

　地域経済の低迷には、労働人口の高齢化、都市への人口流出による人手不足、事業承継問題といったことに原因がある。伝統産業は経済発展により衰退してきた産業である。しかし、伝統産業は地域の雇用の確保、伝統文化・伝統技術の承継、地域活性化という意味でも重要な位置づけと考えることができる。

　経済産業省は、こうした認識を踏まえて伝統産業の復興と地域活性化に向けて「伝統的工芸品産業の振興に関する基本的な指針[5]」を定めた。ここでは大きく6つの指針を提案している。

　1つ目は、伝統産業の振興に向けた基本的な方向である。伝統産業は、日本の歴史や風土の中で培われた伝統的な価値であり、生活の中に積極的に取り入れるべきで、伝統的工芸品に関わる特定製造協同組合等は産業振興のための核と位置づける。また、他の事業との調整を図りつつ、地域活性化に資する事業

---

5)　経済産業省は、2001年7月に伝統的工芸品産業の振興に関する法律（昭和四十九年法律第五十七号）第三条第一項の規定に基づき伝統的工芸品産業の振興に関する基本的な指針を定めた（経済産業省告示第519号）。

を尊重・推進するというものである。2つ目は、従事者の後継者の確保および
育成に関する事項である。これは、後継者の育成事業の充実に向けた技術者の
講師登用や賃金水準の是正といった勤労条件の改善などが該当する。3つ目は、
伝統的な技術または技法の承継および改善に関する事項である。これは、伝統
産業の技法や品質を後継者に正しく承継するために、コンクールの開催や技術
者相互の交流の機会を確保することなどが該当する。4つ目は、伝統的工芸品
の需要開拓に関する事項である。消費者需要の把握のための市場調査の積極的
実施、販売業者との連携による海外需要の開拓、IT の活用、新たなライフス
タイルの提案による伝統的工芸品の需要拡大などが該当する。5つ目は、消費
者等への普及、啓発である。伝統的工芸品には、現物を見たり、触れたりして
初めてその良さがわかるものが多い。展示会場に商品サンプルを置く、工芸家
の実演コーナーや参加者の体験コーナーを設けるなどが該当する。6つ目は、
その他の重要事項である。これには、伝統的な原材料の確保、伝統的工芸品産
業振興協会との連携、海外への紹介による国際化の推進などが該当する。

　しかし、こうした指針や支援がありながら、伝統産業の復興に至っていない
のが現状である。先行研究をもとに伝統産業の現状について整理すると、次の
ことがわかる。それは、①経営者の高齢化による休廃業や解散件数の増加、②
高い利益を生み出す企業の存在、③後継者問題解消に向けた人的資源管理の取
組、である。以下に、それぞれについて説明する。

①経営者の高齢化による休廃業や解散件数の増加

　伝統産業に関わる事業者の多くは、数人で運営する零細企業で、2009 年以
降の「休廃業・解散件数」「経営者の平均年数」は共に上昇している（図7-1 参
照）。しかし、「倒産件数」は横ばい（むしろ微減）である（図7-2 参照）。後で述
べる後継者の問題と関係するが、黒字経営であっても休廃業・解散する事業者
は多いことがわかる。

---

6)　伝統的工芸品産業の振興に関する法律に基づき、伝統的工芸品産業の振興を図るための中核的機
　関として、国、地方公共団体、産地組合及び団体等の出捐等により設立された財団法人。
7)　拙著「地場産業の人材確保の現状と課題」『産業経済研究』第 22 号、2022 年、所収、他。

図7-1　経営者平均年齢と休廃業・解散件数

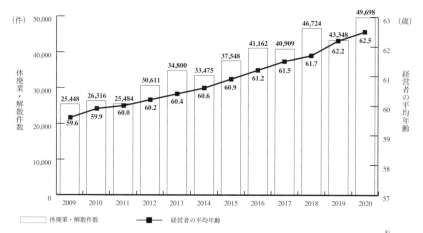

出所：「2021年度 中小企業・小規模企業白書概要」経済産業省・中小企業庁、2021年、10頁[8]。

図7-2　中小企業倒産件数

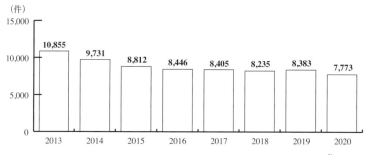

出所：東京商工リサーチ「2020年『休廃業・解散企業』動向調査」より一部抜粋[9]。

②高い利益を生み出す企業の存在

　伝統産業が衰退しているとはいえ、なかには高い利益を生み出す企業が存在する。産業における「中核企業」ともいえる存在は、産業の低迷を食い止める

---

8)　東京商工リサーチが実施した「2020年『休廃業・解散企業』動向調査」、「全国社長の年齢調査(2020年6月30日時点)」をもとに中小企業庁が作成したデータに筆者一部加筆。
9)　東京商工リサーチが実施した同上調査。

きっかけともなる。ここでいう中核企業とは、ニーズの変化に適応し、新たな
販路開拓、経営理念の再構築などといった従来の方針を打破することで柔軟に
社会に適応する企業である。伝統産業は、原材料の生産に始まってさまざまな
製造工程があり、そこで扱われる道具の供給や流通を考えるとその裾野は広い。
このような企業は、地域の資源・魅力を活用しながら新たな収益機会を地域内
外に創出する。企業環境の変化に伴い業界が縮小する中で、中核企業は、企業
間連携や流通の合理化、需要の変化に合わせた商品開発に取り組んでいる。経
済産業省地域経済産業グループがまとめた資料を参考にすれば、中核企業を軸
に地域に役立つ波及効果の高い事業を生み出すことで、地域経済における稼ぐ
力の好循環を生み出すことができるといえる。新たな取組をするきっかけとな
るのは事業承継後である。承継者が、新たな販路の開拓、経営理念の再構築と
いった既存の戦略や根幹にある考え方を革新することは少なくない。

③後継者問題解消に向けた人的資源管理の取組

　昨今の都市部への人口集中による地方人口の減少は地域経済の低迷を誘発
し、地域コミュニティの維持を困難にさせる。それを防ぐには、伝統産業の人
的資源管理の整備・改善が必須となる。具体的には、寿命の伸長に伴う定年年
齢の引き上げ、安定した収入、充実した福利厚生といった雇用条件の整備であ
る。

　今後、伝統産業において黒字を継続できそうな企業は、新市場の開拓、新た
なジャンルの製品の開発、流通の合理化の 3 点のうち少なくとも 1 つは満たし
ているものと考えられる。それは、業績の向上と雇用の創出（人材確保）につ
ながる。

　伝統産業の復興に向けて、経済産業省は伝統工芸品産業への支援補助金の取
組によって財源確保の支援を行っており[10]、こうした制度を活用することもある
程度の効果が期待できよう。また、企業の人的資源管理という観点では、長時
間労働の見直し、男性の育児休暇の導入、グローバル化に伴う外国人採用の拡

---

10) 経済産業省「伝統工芸品産業の支援」2020 年 10 月、https://www.meti.go.jp/information/publicoffer/
　　kobo/2021/k210108001.html、2022 年 8 月 15 日取得。

張、高齢者の雇用といった雇用慣行の柔軟性を持たせることが必要となる。

　また、地域活性化に向けて事業が継続する要因として、森元は、次の3つをあげている。¹¹⁾1つ目は、流通販路の確保である。2つ目は、地域住民の意識形成である。3つ目は、国・行政・地域経済活性化の推進者であるリーダー、地域資源の価値を高めるアクター（地域住民）の3者間の関係づくりである。

おわりに

　本章では、まず、伝統産業の現状と課題について整理した。日本は、戦後から現在に至るまでに飛躍的な経済成長を遂げ、生活様式は大きく変化した。伝統産業は、生活様式の変化により衰退した。しかし、伝統産業は地域の雇用の確保や地域活性化という意味で重要な位置づけと認識されている。その復興に向けた課題は、地域からの人口の流出であり、地域経済の低迷の原因になっている。人口減少は、生産効率の低下、雇用形態の悪化、雇用の減少、税収の減少といった負の連鎖につながる。

　次に、伝統産業の今後の見通しと在り方を整理した。経済産業省は、こうした課題の認識を踏まえて伝統産業の復興と地域活性化に向けて「伝統的工芸品産業の振興に関する基本的な指針」を示した。こうした支援がありながら、伝統産業の復興に至っていないのが現状である。しかし、こうした厳しい経営環境に置かれながらも、高い利益を生み出す企業は存在する。伝統的技法を受け継ぎながらも時代のニーズに合わせた商品開発や販路開拓をする企業である。こうした「中核企業」は伝統産業のモデルとなる。地域活性化の実現に欠かせないことは雇用の確保（雇用の創出）である。企業の人的資源管理という観点では、雇用慣行の柔軟性が求められる。

---

11) 森元伸枝「地域活性化への可能性と課題－十津川村の事例－」『社会科学雑誌』第10巻、2014年所収、136頁。

【参考文献・参考資料】

熊坂敏彦「『地方創生』における『地場産業振興』の重要性−笠間焼産地等の革新的取組みに学ぶ−」『筑波経済月報』2014 年 12 月号、所収。

経済産業省「経済産業省の取組みについて」経済産業省資料、2017 年、https://www.bunka.go.jp/seisaku/bunkashingikai/seisaku/15/04/pdf/r1398035_07.pdf、2022 年 8 月 15 日取得。

経済産業省「伝統的工芸品産業の支援」2020 年 10 月、https://www.meti.go.jp/information/publicoffer/kobo/2021/k210108001.html、2022 年 8 月 15 日取得。

経済産業省「伝統的工芸品産業の振興に関する基本的な指針」経済産業省告示第 519 号、2001 年。

経済産業省地域経済産業グループ報告書「地域産業経済政策の現状と今後の在り方について」2016 年 11 月。

東京商工リサーチ「2020 年『休廃業・解散企業』動向調査」2021 年、https://www.tsr-net.co.jp/news/analysis/20210118_01.html、2022 年 8 月 15 日取得。

松村明編『大辞林 第 4 版』三省堂、2019 年。

森元伸枝「地域活性化への可能性と課題−十津川村の事例−」奈良学園大学『社会科学雑誌』第 10 巻、2014 年、所収。

拙著「地場産業の人材確保の現状と課題」『産業経済研究』第 22 号、2022 年、所収。

一般財団法人伝統的工芸品産業振興協会ホームページ、https://kyokai.kougeihin.jp/current-situation/、2022 年 8 月 15 日取得。

第8章 大手百貨店と地域経済の活性化

はじめに

　2000年6月に大店立地法が施行した影響を受け、大都市の郊外からはじまった大型ショッピングセンター（以下、SC）開設の動きが地方都市へ波及し、地方百貨店に多大なダメージを与えた。他方、2000年前後から大規模な駅ビルが京都・名古屋・札幌等の中枢中核都市のJR駅に作られ、そのなかに大都市型の百貨店が開業した。これらの出店が既存店の改装や営業の強化を引き起こし、各地で激しい百貨店競争となった。この2つの競合が重なって影響を受けた近郊都市の地方百貨店では、客足を奪われ業績低迷につながった。そして、大都市の老舗百貨店の破綻や百貨店同士の経営統合など業界再編が進むなかで、地方百貨店の閉店は2000年代に急増した[1]。

　とくに、百貨店の閉店は2009年以降に増加する。すなわち、2008年9月にアメリカの有力投資銀行であるリーマンブラザーズが破綻し、それを契機として広がった世界的な株価下落・金融危機であるリーマンショック後に目立つ。リーマン前の全国における百貨店の店舗数は2007年末が278店舗で、2008年末が280店舗であった。しかし2009年は9店舗、2010年は10店舗、2011年は7店舗と毎年減少し、3年間で26店舗数を数えた[2]。

　2019年から2021年までの3年間で30店舗が閉店したが、2019年はCOVID-19の流行によって引き起こされたコロナ禍前の構造改革の断行による

1）　宮副謙司・内海里香『全国百貨店の店舗戦略2011』同友館、2011年、160頁。
2）　『ストアーズレポート』株式会社ストアーズ社、2021年5・6月合併号、16-18頁。同上雑誌、2022年5月号、17-18頁。

店舗閉鎖であった。すでに百貨店では、コロナ禍前に構造改革の一環として地方都市や郊外に立地した中小規模の不採算店舗の閉店を断行し、2017 年以降は再び店舗閉鎖が増加した。2015 年頃から大都市圏の一部の百貨店はインバウンド増加の恩恵を受けていたものの、前年と比べ 2017 年は 8 店舗、2018 年は 7 店舗で、2019 年は 11 店舗が閉店した。

　コロナ禍の 2020 年は 12 店舗、翌 21 年は 7 店舗減少した。コロナショックが百貨店の構造改革に拍車をかけ、あわせて直近の 5 年間で 45 店舗が閉店した。店舗数のピークであった 311 店舗が存在した 1999 年と比較して、2021 年には 189 店舗まで減少し、22 年間で 122 店舗が閉店したことになる。閉店した全国の百貨店のうち地方百貨店が多いが、郊外立地の中小規模店も少なくない。[3]

　2000 年以降の地方百貨店では前述の対抗策として増床・改装や顧客づくりを図りつつ、自ら郊外型の百貨店として SC を出店する動きや本格的な大都市型の百貨店化を目指すケースがみられた。このほかには既存店舗のダウンサイジングのみならず、店舗を閉鎖して小型店舗で再出発する地方百貨店の店舗戦略が主流であった。[4] 店舗数減少が目立ちはじめた 2017 年頃からは、地方百貨店による地域密着戦略への取り組みが経営方針の柱に組み込まれるようになった。[5]

　この時期から全国の地方百貨店では、地元の生産者や地方自治体（以下、自

3)　同上。ほかに同上雑誌、2020 年 7 月号、16-18 頁と『日本百貨店協会統計年報』日本百貨店協会、2004 年から 2021 年までを参照。

4)　宮副謙司、前掲書、163・195・202・206 頁。ほかに麻倉佑輔・大原茜『最新・全国百貨店の店舗戦略－新たな競争と成長の構図－』同友館、2003 年を参照。

5)　内海里香「地方百貨店のための地域活性化論〔第 7 回〕地元クリエーター活かす『地域商社ビジネス論』」、前掲雑誌、2017 年 1 月号、64-67 頁。内海里香「地方百貨店のための地域活性化論〔最終回〕生活スタイルそのものの『地域価値』をテコにした百貨店の変革と可能性」、同上雑誌、2017 年 5 月号、38-41 頁。鈴木一正「百貨店を活用した地域経済活性化に関する提言」『食と農・流通（小売・外食）における新型コロナ対策 懸賞論文・提言』2020 年。宮副謙司「地方百貨店の地域活性化の取り組み－いよてつ高島屋などの事例研究－」『日本マーケティング学会ワーキングペーパー』第 7 巻 第 3 号、2020 年。中村智彦「地方経済における百貨店の役割の変遷とその方向性」『神戸国際大学紀要』第 100 号、2020 年。北島啓嗣「地域の自治体や経済界との"絆"をより強く、より深く」、前掲雑誌、2021 年 1 月号、16-19 頁を参照。また、「総特集－現場「共創」力を磨こう－」、同上雑誌、2017 年臨時増刊号、「総特集－お客様と、寄り添うために－」、同上雑誌、2018 年臨時増刊号、「総特集－また来たい・会いたい「ヒト・こと」－」、同上雑誌、2019 年臨時増刊号においても、地方百貨店と各地元の自治体・企業・団体等との協業・連携による地域貢献の事例が特集されている。

治体）・企業・団体等との連携による地域密着戦略が活発化した。この戦略が、各地方の地域産業および立地産業としての強みを一段と活かす百貨店にとって必要な経営戦略となり、地域経済の活性化への貢献策として認識されていった[6]。この背景には大都市の基幹百貨店の多くが増収をあげ、それに対して地方百貨店は減収基調が続いていたことがあった[7]。その後、地方百貨店を取り巻く環境はコロナ禍で厳しくなったものの、生き残りをかけた構造改革が着々と進展している。地方都市を基盤とする中堅百貨店は改革途上とはいえ、経営資源の選択と集中に基づく収益力向上策を中核とした構造改革を粘り強く継続していく戦略が不可欠である[8]。

第 1 節　2018 年以降の大手百貨店による地域経済の活性化

1.　髙島屋（日本橋髙島屋 S.C.）

　地域経済の活性化に向けた貢献策は、2018 年頃から大手百貨店の髙島屋や近鉄百貨店の両グループの経営戦略においてみられるようになった。そして、それが地方都市のグループ店の重要な地域密着戦略として展開していった。前者の髙島屋グループから触れていこう。

　2018 年 9 月 25 日に日本橋髙島屋が、4 館体制の専門店と融合させた"新・都市型 SC"として「日本橋髙島屋 S.C.」にスケールアップさせた。この背景には髙島屋グループが総力をあげて顧客満足を追求していく成長戦略である、次世代の商業施設づくりとしての"まちづくり戦略"を進めたことがあった[9]。

　これは、店舗が立地する地域の自治体・企業・鉄道や周辺の商業施設等との連携・協業といった地域との間で協力しながら、新しい価値を創造する「共創」への取り組みであった。この 1 つが"街づくり戦略"である。この戦略は、地

---

6)　前掲雑誌、2018 年 7 月号、14-17 頁。
7)　同上雑誌、2017 年 11 月号、8 頁。
8)　同上雑誌、2020 年 5・6 月合併号、8 頁。
9)　https://www.takashimaya.co.jp/（2022 年 8 月 15 日閲覧）。https://www.takashimaya.co.jp/nihombashi/（2022 年 8 月 15 日閲覧）。

域と共生しながら地域の人々が集う「街」のアンカーとして役割を発揮していく独自の商業施設づくりである。もう1つは“町づくり戦略”である。これは店舗を「町」に見立てて品揃えやサービス、環境づくりを通して、街歩きをするような楽しさやワクワク感を提供できる百貨店と専門店を融合させた商業施設づくりの戦略である[10]。

さて4館とは、上記の9月25日に開業した「新館」と「東館（2018年3月開業）」、時計専門館「ウォッチメゾン（2015年10月開業）」、そして本館である。最後の本館は新規開業を機に改装を手掛け、コロナ禍前の2019年3月にグランドオープンした。これにより、“美しい暮らしスタイルを発信する店”をコンセプトとした百貨店と専門店の融合した総合空間が本格的に登場した。髙島屋がグループをあげて推進してきた“まちづくり戦略”のノウハウを結集して作りあげたものであり、次世代百貨店のリード役として百貨店業界からも大いに注目された。

本館は、コロナ禍前に「憩う、香る、学ぶ、出会う、装う、食す、歓ぶ」といった日常のすべてを満たし、親子3世代が1日中楽しめる商業施設を目指した“まちづくり”を具現化したものでる。髙島屋には、その筋書き通りに親子3世代のほか子育て世代や若い世代の男女、60代以上の夫婦連れ、会社員など老若男女を問わずあらゆる世代が集っている。

コロナ禍にあっても、日本橋・八重洲地区では大型再開発が着々と進展している。しかも、人口増加が2030年頃まで中央区のみならず港区、千代田区、江東区でも予測されている。 つまり、成熟企業にもかかわらず“まちづくり戦略”によって髙島屋の再成長には、非常に期待できる環境変化の追い風が吹いているといえよう。現在も本館では百貨店と専門店ともにそれぞれの特色を一層加速させ相乗効果の最大化を狙いつつ、それ自体の魅力を高めようとして

---

10) 前掲雑誌、2017年1月号、30-32頁。同上雑誌、2017年12月号、14-17・42-47頁。同上雑誌、2018年1月号、24-25・96-97頁。同上雑誌、2018年11月号、29-41頁。同上雑誌、2019年1月号、3-8頁。同上雑誌、2019年5月号、72-73頁。同上雑誌、2019年6月号、113-114頁。同上雑誌、2019年7月号、14-15頁。同上雑誌、2019年12月号、3-8頁。同上雑誌、2021年2月号、15-19頁。同上雑誌、2021年7月号、80-82頁。前掲注9）ホームページ（2022年8月15日閲覧）。

いる。2021 年 9 月が開業 3 周年であった新館は同年 5 月から 7 月までに 7 店舗を、さらに翌 22 年春に 4 店舗を新規に導入し、“まちづくり戦略”を進化させていくための部分的な改装を行った。日本橋髙島屋 S.C. には、コロナ禍に構築した“新・都市型 SC”としての特性や存在価値を発揮することに期待が寄せられている[11]。

2.　JU 米子髙島屋

　髙島屋では、地方都市のグループ店として鳥取県米子市の米子髙島屋（現・JU 米子髙島屋）があげられる。米子市の人口は約 14 万人で、松江市と周辺都市をあわせると約 60 万人の商圏となる。米子市内の大型商業施設は、この髙島屋以外に幹線道路の結節点にある米子しんまち天満屋、イオン米子駅前店の 3 店舗である。この 3 店舗の競合店には郊外のイオンモール日吉津（SC）が加わる。そのうえ、電車で 30 分圏内の島根県松江市には一畑百貨店とイオン松江SC が、同県出雲市には SC のゆめタウン出雲とイオンモール出雲が林立する。これらの大型商業施設が県境を越えた商圏で競りあっている[12]。

　この競合下で 2016 年度に当時の米子髙島屋が、とくに地域経済の活性化を優先した営業施策への取り組みを強化していった。翌 17 年度の同店では米子市の「商都米子」復活に向けたコンパクトシティ化の進展とともに、地方百貨店の新しいモデルづくりに動き出した。米子髙島屋では地域への貢献活動として中元・歳暮ギフトにおいて専用カタログを作成し、地元の名品・名産を集めた“セレクト 40”の販売を展開した。2016 年度は総取扱点数の約 2,000 点のうち、この 40 品目で売上高の約 25％ を占めた。この頃から一段と米子髙島屋の“まちづくり戦略”が注目されていった[13]。

---

11) 同上。ほかに前掲雑誌、2021 年 8 月号、67-69 頁。同上雑誌、2022 年 7 月号、48-50 頁を参照。
12) 同上雑誌、2022 年 8 月号、74-77 頁。
13) 同上雑誌、2016 年 6 月号、233-235 頁。同上雑誌、2017 年 6 月号、238-240 頁。同上雑誌、2017 年 7 月号、6 頁。https://joyurban.jp/yonagotakashimaya/（2022 年 8 月 15 日閲覧）。2019 年には鳥取県米子市の米子髙島屋による「官民一体での地域活性化に貢献」（前掲雑誌、2019 年 10 月号、92 頁）の記事がみられる。

　株式会社ジョイアーバンは髙島屋から米子髙島屋の全株式を取得し、2020年3月よりJU米子髙島屋として事業を引き継ぎ、髙島屋のフランチャイズ店舗形式で運営している。JU米子髙島屋は、その後に再出発したのちも地域連携に注力している。2022年春には地下1階食品フロアの全面改装を行った。同年3月25日には隣接する"える・もーる商店街"内において、山陰地方の美味しい名産品を揃えて魅力を発信していく"フードスタジオ カクバン"を新たにオープンさせた。次いで、2022年6月18日には食品スーパーのマックスバリューを地下1階に誘致した。さらに、JU米子髙島屋では同年8月下旬を目途に5階にリビングフロアを新設し、同年秋以降も順次、改装を進めて開店60周年を迎える2024年までの完成を目指している。[14]

3.　近鉄百貨店

　近鉄百貨店は2018年度から3年間の新たな中期経営計画を始動させた。[15]同店では、百貨店の枠を超えて新しいビジネス分野への進出を志向していく「共創型マルチディベロッパー」への変革を命題に掲げ、新百貨店事業モデル構築では地域における存在価値の明確化を図っていった。近鉄百貨店では顧客をはじめ取引先、各々の店舗が立地する地域、近鉄グループなどの同百貨店を取り巻くすべての人たちと一緒に、明日を創造する"地域共創型"の百貨店の確立を目的としている。すなわち、地域社会とともに成長・発展することを見据えた「地域商社事業モデル」に向けた取り組みである。地域商社事業とは地域生産者の生産・加工から販売までを一括して手掛け、地域産品のブランド化や販路開拓の支援によって地域の価値向上と地域経済の活性化を目指したもので

---

14)　前掲雑誌、2020年9月号、94-96頁。同上雑誌、2022年8月号、74-76頁。2022年JU米子髙島屋リニューアル−新商都米子のまちづくり にぎわい創出へ−、https://joyurban.jp/yonagotakashimaya/wp-content/uploads/2022/02// リニューアル−リリース .pdf（2022年8月15日閲覧）。また、岡山市の岡山髙島屋でも「屋上や催事場を活用したイベントの強化・地元人気飲食店の導入など多彩な地域活性化策」（前掲雑誌、2018年10月号、94頁）や、岐阜市の岐阜髙島屋による「2018年11月岐阜県・岐阜市・岐阜商工会議所と地域活性化包括連携の協定締結」（同上雑誌、2019年7月号、18-20頁）の動きがみられる。

15)　https://www.d-kintetsu.co.jp/（2022年8月15日閲覧）。中期経営計画（2021-2024年度）、https://www.d-kintetsu.co.jp/corporate/ir/plan.html（2022年8月15日閲覧）。

ある。[16]

　近鉄百貨店の 2021 ～ 24 年度の中期経営計画では、長期的なビジョンを " く
らしを豊かにするプラットフォーマー（「つなぐ場」を提供する事業者）" と定義し、
地域中核店・郊外店は駅前立地と顧客基盤を活用した " なくてはならない存在 "
を目標とする。具体的には、街づくり型の複合商業サービス施設である " タウ
ンセンター " への変革、テナント中心の商業ディベロッパー型運営への移行、
各地域の自治体や企業と連携し地域経済を活性化させることが可能な新たな事
業の共創などを重要な課題とする。[17]

4.　近鉄百貨店奈良店

　とくに同百貨店の奈良店、生駒店、橿原店はそれぞれの店舗の強みと地域性
を活かしながら、これらの実現に取り組んでいる。

　奈良店は地域と共創するタウンセンター化の実現に専念している。既述のよ
うに同店は 2021 ～ 24 年度の中期経営計画で、街づくり型の複合商業サービス
施設を指すタウンセンターを目標の 1 つとしている。2021 年度もコロナ禍の
影響で投資を控えて守りの経営に徹していたが、翌 22 年度は店舗のマーチャ
ンダイジング（以下、MD）を再構築して鮮度と魅力を高めるために、大型専門
店の導入などの改装を実施している。

　2021 年度はイーコマース（以下、EC）の展開を拡大するため、" 大和路 " コ
ンテンツの充実を行った。奈良店は地下 1 階の食品売場に、地元の生産者の思
いとともに奈良ならではの逸品を届けるために自主編集売場である " 大和路 "
を構えている。同店では以前から EC サイトの " 近鉄百貨店ネットショップ "
で商品を販売し、サイト内に特集ページ " 大和路ショップ特集 " を載せている。
　この内容を見直し、大和路ショップ特集内には「本家菊屋」や「福寿館」、「柿

16）前掲雑誌、2018 年 4 月号、6・12 頁。同上雑誌、2018 年 5 月号、6 頁。同上雑誌、2018 年 7 月号、
　　78 頁。同上雑誌、2019 年 2 月号、83 頁。同上雑誌、2020 年 1 月号、6 頁。同上雑誌、2020 年 2 月号、
　　27-31 頁。同上雑誌、2020 年 4 月号、29-31・85 頁。同上雑誌、2020 年 11 月号、27-29 頁。
17）同上雑誌、2022 年 8 月号、40-41 頁。「中期経営計画（2021 年度-2024 年度）」の策定について、
　　https://www.d-kintetsu.co.jp/corporate/pdf/20210412_2.pdf（2022 年 8 月 15 日閲覧）。

の葉すし本舗たなか」の専用サイトを新設した。サイトには生産者や各企業の歴史、販売商品の魅力等の情報を盛り込んでいる。従来、サイト掲載の商品については単品の販売がほとんどだったが、単価の上昇を目的として、いくつかの商品を組みあわせたギフト向けのセット商品の販売を試みた。こうした営業施策が寄与し、2021年度の大和路ショップ特集の売上げは前年度比で2割増であった。奈良店ではページの魅力を高めたことで、巣ごもり需要をうまく取り込めたと十分な手ごたえを掴んでいるという。[18]

この奈良店をはじめ前述の奈良県内の2店舗のほか、近鉄百貨店のグループ店である三重県の四日市店でも、奈良店と同様に地域経済の活性化につながる営業展開がみられる。したがって、次章では四日市店をケースの1つとして取りあげている。

しかし、地域経済の活性化のために"地域共生型"や"地域密着型"と銘打って経営戦略に掲げている大規模商業施設が、地方百貨店だけではない点に注意が必要である。この経営戦略は2018年度において新規開業の数多くのSCでも取り入れられ、現在も全国各地で継続されている。[19]

以下、本章と次章では地方百貨店がおもに2020年以降に進めてきた地域密着戦略について、12のケースを通して具体的にみていく。今後、全国において地方百貨店の衰退や消滅が進むことで、各都市の地域経済に多大な影響を及ぼす可能性が高い。そのため近年の動向から地方百貨店が、各都市の中心市街地や主要ターミナル駅の集客商業施設として存続する意義を探っておきたい。そこで、本章では地方都市における大手呉服系百貨店グループの4店舗の地域密着戦略を紹介し、地域経済の活性化に果たしている役割を明らかにする。

---

18) 前掲雑誌、2021年8月号、145-146頁。同上雑誌、2022年8月号、40-41頁。https://www.d-kintetsu.co.jp/store/nara/（2022年8月15日閲覧）。https://shop.d-kintetsu.co.jp/shop/（2022年8月15日閲覧）。さらに「近鉄百貨店・天満屋・福屋・藤崎・藤丸・佐賀玉屋の6社が"地域経済の活性化"と"地域発見"をテーマにECで協業し、地元産品などの特集ページを集約し、相互にリンクさせた"協同ランディングページ"を立ちあげる」とあるように、他の地方百貨店との協業の動きに発展していることがわかる（前掲雑誌、2021年11月号、71頁）。

19) 同上雑誌、2018年2月号、36-47頁。同上雑誌、2018年5月号、24-29頁。同上雑誌、2019年5月号、24-29頁。同上雑誌、2019年8月号、74-79頁。同上雑誌、2021年1月号、76-87頁。同上雑誌、2021年5・6月合併号、56-62頁。

第 2 節　大手呉服系百貨店の地方グループ店による地域経済の活性化

　大都市の呉服系百貨店である株式会社三越伊勢丹、株式会社大丸松坂屋百貨店、株式会社そごう・西武の地方グループ店であったとしても、各都市において苦戦を強いられている店舗がみられる。このため、それらの店舗では各都市の地元企業や商店街等との連携を強化し、地域密着戦略を懸命に繰り広げている。本節では株式会社松山三越、松坂屋静岡店、株式会社高知大丸、そごう大宮店の順でみていこう。

1.　松山三越（ケース 1）

　愛媛県松山市の中心市街地では同市の駅前広場の整備計画をはじめ、銀天街商店街 L 字地区再開発、伊予鉄グループによるベッセルホテルズ開業等の再開発計画がある。2021 年 2 月に JR 松山駅付近の連続立体交差事業が認可され、コロナ禍で再開発計画が遅れている案件もあるが、コンパクトシティ化が着々と進んでいる。

　このような再開発と環境変化のなか松山三越は 2021 年に創業 75 周年を迎え、それに連動して同年 10 月 6 日、同月 26 日、12 月 10 日の 3 段階でリニューアルオープンした。松山三越では、30 年ぶりに 2020 年秋から着手してきた大規模改装を伴う抜本的な店舗構造改革を行い、同店にしかできない " 新しい地方百貨店モデル " を構築した。つまり、松山三越は専門店と融合した新しいハイブリット型の地方百貨店として、その専門店の開発・運営に愛媛県内の有力企業が参画することで、「地域協業型」の新しい複合施設に生まれ変わったと捉えられよう。

　松山三越では、まず従来の百貨店運営の「上質 MD」を 2 階から 4 階で構成し、売場面積の約 17,000㎡のうち約 6,800㎡に集約した。5 階より 8 階には、滞在・美と健康をテーマにした " 体験の上層階 " を作りあげた。1 階と地下 1 階は、

食と「地域 MD」を集積した"賑わいの下層階"と位置づけた専門店ゾーンに
再編した。

　これらの専門店の開発・運営には道後温泉で旅館を運営する「茶玻瑠」と「古
湧園」、不動産会社やホテルを運営する「三福ホールディングス」、飲食店を運
営する「タケシカンパニー」などの愛媛県内の有力企業が参画している。

　特色を記すと、5 階の一部と 6 階には三福ホールディングスが運営する美と
健康に留意したエイジングケアパーク「Aging Care E3（イースリー）」、7・8 階
には茶玻瑠が運営するラグジュアリーな北欧デザインの心地よいライフスタイ
ルホテルの「LEPO CHAHAL（レポ チャハル）」を配置した。

　1 階は、タケシカンパニーが運営する地元・瀬戸内の旬の食を中心に提供す
る「坊ちゃんフードホール」、古湧園が運営する愛媛・瀬戸内・全国の土産物
や雑貨を集積したマルシェ「十五万石−結−」、まちづくり松山による愛媛・
松山観光インフォメーションセンターの「だんだん info」（2021 年 5 月 27 日開業）
の専門店ゾーンと、デパ地下で展開されているブランドショップを集めたス
イーツゾーンで構成した。1 階の約半分にあたる約 1,400㎡のフードホールには、
地元の飲食店を中心に 15 店舗が出店し約 550 席を設けている。

　地下 1 階は、従来型の食品スーパーとは異なる新しいスタイルの専門業態
「THE CENTRAL MARKET（ザ・セントラルマーケット）」と、既存のベーカリー
やワインショップで構成する。前者のマーケットは、東京都羽村市を拠点に厳
選食材にこだわった食品スーパーを経営する「福島屋」の会長と、松山市のク
リエイティブスタジオ「NINO inc.」が協業して開発したものである。ここでは、
地場産品を中心に生産者の思いやこだわりのこもった食材を提案している。

　地域協業では地元の大学と協定を結び、来店客の健康維持のために専門店の
監修やイベントの連携などに取り組んでいる。地域協業が松山三越の大改装に
とって重要なキーワードとなっており、各々の領域では松山でナンバーワン企
業が賛同し、強力な布陣で専門店ゾーンが形成されているとの評価を受けてい
る。

　従来の百貨店運営の売場面積は、この大胆な店舗構造改革によって半分以下

に集約された。専門店の誘致には、地元の有力企業ならびに自治体の全面的なサポートを得て漕ぎつけた。百貨店 MD は、三越日本橋本店や三越銀座店等の基幹店のサポートを受けて提供している。松山市の老舗百貨店は生き残りをかけ、改装前の 2021 年 3 月期まで連続している赤字からの脱却が最大の課題である。このためには地域と協業して作りあげる松山三越ならではの " 街の賑わいの拠点 " として、これから先も発信するための新しい地方百貨店モデルづくりが鍵を握る[20]。

2. 松坂屋静岡店（ケース2）

静岡市の松坂屋静岡店（以下、静岡店）を取り巻く商業環境をみてみると、同店を含めて JR 静岡駅ビル・パルシェ、静岡モディ、静岡東急スクエア、新静岡駅ビル・新静岡セノバ、静岡伊勢丹、静岡パルコの 7 つが林立する大型商業施設の集積地域である。このような状況下で静岡店の売上げは長く漸減傾向であり、再生計画は何度となく浮かんでは消え、" 進展 " に関する流言飛語は止まなかったが、ついに 25 年ぶりの大規模改装を進め再生への序章の幕が開けた。静岡店は、第 1 期の 2022 年春と第 2 期の 2024 年春にわけて改装を実施する。静岡店の大規模改装は実に悲願であったといえよう。

第 1 期は本館の地下 1 階、地上 2 階から 7 階、北館の 1 階から 4 階と 6 階が対象で、全館（売場面積の 25,452㎡）のうち約 55%（14,060㎡）を刷新し、2022 年 4 月 27 日にグランドオープンした。本館の地下 1 階と地上 1 階は第 1 〜 2 期にかけて、第 2 期では同館の 8 階と北館の地下 1 階・地上 5 階をリニューアルする予定である。「顧客が体験や滞在に価値を感じる空間づくり」と「上質かつこだわりのあるモノ・コトの充実」によって、静岡駅前での新しい時間の過

20) 前掲雑誌、2020 年 10 月号、145-148 頁。同上雑誌、2020 年 11 月号、14-15・80-81 頁。同上雑誌、2021 年 2 月号、23 頁。同上雑誌、2021 年 4 月号、15 頁。同上雑誌、2021 年 9 月号、40 頁。同上雑誌、2021 年 10 月号、14-16 頁。同上雑誌、2021 年 11 月号、15 頁。同上雑誌、2021 年 12 月号、58-59 頁。同上雑誌、2022 年 1 月号、32 頁。同上雑誌、2022 年 8 月号、77-81 頁。https://www.mitsukoshi.mistore.jp/matsuyama.html（2022 年 8 月 15 日閲覧）。https://www.imhds.co.jp/ja/index.html（2022 年 8 月 15 日閲覧）。

ごし方を提案し、静岡店の中期ビジョンに掲げる「目的地となる地域共生型百貨店」を具現化していく。

具現化するためには3つの改装ポイントとして、①ラグジュアリーコンテンツ（特選ブランド、アート、宝飾、時計）の拡充、②ライフスタイル提案型フロアへの再編、③新たな体験や自分磨きのための大型ゾーンの構築がある。①のラグジュアリーコンテンツでは、2022年3月23日に北館2階にアート＆ラグジュアリーサロン「ブランキューブ」を新設した。オーセンティック、モダン、ラグジュアリー、ニューカテゴリー、エクスペリエンスを切り口に普遍的な美や革新的な体験、学びの時間などを通じて新しい価値を提供していく。②のライフスタイル提案型フロアを象徴するのが本館の5階と6階で、2022年4月27日に家具・ホームセンターのナフコが手掛ける"TWO-ONE STYLE（ツーワンスタイル）"を百貨店ではじめて導入した。

③の新たな体験を提供する大型ゾーンが、本館7階に誘致したスタイリッシュな水族館「スマートアクアリウム静岡（約1,800㎡）」である。ここは、「ウエルカムゾーン」「『眺める』いきもの感覚」「『繋がる』生きものたちとのつながり」「『見つける』生きるためのデザイン」「『装う』生きものたちのファッション」「『和む』小さな生きものの輝き」から構成され、水槽数44基に約100種類、約2,200点の生物を展示している。この都市型アクアリウムはSMBC信託銀行が手掛ける水族館事業で、「四国水族館（香川県宇多津町）」、「アトア（兵庫県神戸市）」に次ぐ3例目であり、既存の建物内で都市商業施設内併設型としてははじめての設置である。それだけに静岡店には、手薄であった若年層やファミリー層を呼び込む静岡駅前の新たな"賑わい装置"として大きな期待が寄せられている。

この期待の背景には、静岡店が静岡市による再開発と連動する形で大規模改装を推し進め、同市の中心市街地の発展に貢献したい意向がある。すなわち、それは同店が「地域で親しまれる"マツザカヤさん"であり続けるために、単にモノを売るだけでなく多様な価値を創出し、施設そのものが外出の目的地となる静岡駅前の核施設に生まれ変わる経営方針である。これに対して周辺地域

でも、静岡店に協調的な存意がわかる動きがみられた。中心市街地の 4 つの発展会（商店街）が伝馬通り、けやき通り、御幸通り、バスターミナルなどに静岡店のグランドオープンを祝してフラッグを掲げ、静岡東急スクエアは大型の街頭ビジョンをそのオープンに提供したことである。静岡店周辺の発展会や競合店が 1 つの大型商業施設の大規模改装を祝うのは全国的に異例であり、これこそ同店が創業から 90 年近くにわたり培ってきた信頼の証といえよう。[21]

3.　高知大丸（ケース 3）

　高知市ではコロナ禍前の 2018 年度までに中心市街地活性化基本計画に基づいて、「賑わい拠点、おもてなし拠点、文化拠点、歴史拠点」を掲げた拠点整備を進め、それらの拠点を完成させてきた。他方、2000 年 12 月に開業した大型 SC であるイオンモール高知はオープン以来、中心商店街の最大の競合拠点となった。このイオンモールに対抗していくためにも県内唯一の百貨店であり、中心商店街の核店舗でもある高知大丸が果たすべき役割は大きい。

　高知大丸は創業 75 周年を機に、これまでの「都市型総合百貨店」から「働く女性と地元 3 世代ファミリーが『高知のしあわせ』を感じる店」をストアコンセプトにした「地域共生型」の百貨店として、2022 年 3 月 25 日に再び歩み出した。今回の大改装は「百貨店再生」を目標した構造改革である。大丸松坂屋百貨店グループが推進している百貨店と専門店を融合したハイブリッド型で、地域との共生によって持続的成長を実現していく「地域共生型」の新百貨店の創造に挑んでいる。

　これは高知大丸の東館が開業して以来、32 年ぶりとなる大規模な改装でもあった。改装前の高知大丸では、従来の主力客層である 65 歳以上が約 36％ を

21）前掲雑誌、2020 年 9 月号、54-56 頁。同上雑誌、2021 年 12 月号、7 頁。同上雑誌、2022 年 2 月号、67-68 頁。同上雑誌、2022 年 3 月号、74-75 頁。同上雑誌、2022 年 4 月号、15・18 頁。同上雑誌、2022 年 5 月号、38-43・68-69 頁。同上雑誌、2022 年 7 月号、90-93 頁。https://www.matsuzakaya.co.jp/shizuoka/（2022 年 8 月 15 日閲覧）。松坂屋静岡店 25 年ぶりの大規模改装を実施 2022 年春 リニューアルオープン、https://www.daimaru-matsuzakaya.com/assets/news/2022_1.pdf（2022 年 8 月 15 日閲覧）。https://www.daimaru-matsuzakaya.com/（2022 年 8 月 15 日閲覧）。

占めていたため、新たなターゲットとして上述のストアコンセプトの顧客を誘客して客層の拡大を目指している。今回の大改装は本館と東館の売場面積約 10,500㎡のうち約 7 割（約 7,350㎡）が対象であり、本館は「暮らしのクラスアップ」を提供する "おまちの百貨店" と位置づけされる。

高知大丸では、百貨店が強みとする領域の化粧品・婦人洋品・アクセサリー等を 1 階から 3 階に集約し、上層階には集客力のある大型専門店を導入した。そして、地元の専門店や地域の産品・飲食を拡充することで、百貨店の領域との相乗効果によって集客力を高める構成にした。高知大丸の営業展開は、構造改革が問われている地方百貨店の再生計画として注目されている。本館の 4 階には、東急ハンズの「Plugs Market（プラグス マーケット）（売場面積 1,200㎡）」を導入した。これは、東急ハンズがパートナー企業と協業して「地域を元気に！」をキーワードに地域の魅力を発見、発信、可能性を育むマーケットを作る店舗である。

東館は "日々の幸せ" を提供する "おまちの専門店" と位置づけ、地域との共生を図る生活に密着した買物の場に再編した。3 階と 4 階には、高知を代表する家具と雑貨の専門店を手掛ける島田屋の「Shimadaya ＋ Plus（約 1,600㎡）」を誘致した。ここには家具をはじめキッチン用品やインテリア用品などを揃え、県内作家にフォーカスしたアートギャラリーを併設した。

そのうえ 2022 年秋に 5 階には、地域産品と飲食の場を提供する "高知ローカリティフロア" として「OMACHI360（オマチ サン ロク ゼロ）」をオープンする。これは高知大丸の店舗が地域資源（人材と事業）の発見・醸成の場を目指し、地域経済の活性化につなげていくものである。同店の 5 階が「高知のしあわせに寄り添う」をテーマに地域連携のもと、働く女性やマインドの高い顧客に対して、ローカル資源を等身大の自分で楽しめるフロアへ変容することで、「地域共生型」の百貨店を象徴する場としたい狙いがある。

また高知大丸では、人と人とのつながりや顧客の日常に寄り添う場と位置づけた「パブリックスペース」を拡充する。同店では、高知県産材のスツール（椅子）や組子細工工芸品、土佐和紙のタペストリーなどの親しまれているアイテ

ムを使用し、地域密着・ローカリティに配慮したデザインで心地よく過ごせる空間演出を目的としている。高知大丸にとって今回の大改装は、新しい"おまちの百貨店"の創造によって再生計画を実行していく、まさに地方百貨店を脱皮させるイノベーションといえよう。"おまち"とは「繁華街」を指すが、高知大丸では中心市街地の賑わい創出拠点に基づく展開を見据えた地方百貨店の復活への幕が開いたのである[22]。

4. そごう大宮店（ケース４）

大宮駅周辺地域では、さいたま市が策定した「大宮駅グランドセントラルステーション化構想」が進んでいる。同駅はJR東日本、東武鉄道、さいたま新都心交通の各路線が乗り入れ、北関東、北海道、東北、北陸等とつながるターミナル駅である。さいたま市は駅周辺地域を「東日本の玄関口として東日本全体の発展を牽引していく街」と位置づけ、「周辺のまちづくりや交通基盤の整備、駅機能の高度化などを一体的に進める」としている。

このようななか、そごう大宮店（以下、大宮店）は「外商向けビジネス」「食の充実」「地域密着策」の３つを主軸に店づくりを推し進めている。同店では富裕層と30～40代のファミリー層の取り込みが課題であり、富裕層対策としては顧客向けの販売会社の充実や外商部の増員などを実施している。ファミリー層や地元住民を呼び込むためには食のイベントと食品売場の上質化に注力し、また埼玉の魅力に着目した催事なども行い、客数や来店頻度の上昇に結びつけている。

2021年度の大宮店では外商顧客向けの販売会を充実させ、店頭で展開して

---

22) 前掲雑誌、2018年10月号、94-95頁。同上雑誌、2020年10月号、151-153頁。同上雑誌、2021年9月号、43-45頁。同上雑誌、2021年10月号、16-17頁。同上雑誌、2021年11月号、76頁。同上雑誌、2022年3月号、14頁。同上雑誌、2022年4月号、17-18・61頁。同上雑誌、2022年8月号、83-85頁。https://www.kochi-daimaru.co.jp/（2022年8月15日閲覧）。https://shopblog.dmdepart.jp/kochi/（2022年8月15日閲覧）。東館オープン以来、32年ぶりの大型改装で新しい高知大丸がスタートします。お客様と75周年！新しく、おまち百貨店。2022年3月25日（金）リニューアルオープン、https://www.daimaru-matsuzakaya.com/assets/news/2022325.pdf（2022年8月15日閲覧）。また大丸のグループ店では、京都市の大丸京都店による「京都信用金庫と地域企業支援で連携」するといった記事がみられる（前掲雑誌、2021年10月号、67頁）。

いないラグジュアリーブランドは本体のそごう・西武の経営資源を活用して提供した。大宮店には「近場でゆっくり買物できるなら」と来店する顧客が多く、いずれも大きな売上げとなった。同店では引き続き2022年度もブランドの幅を拡大し、継続的に販売会を計画し実行している。

商圏内のファミリー層に向けた提案強化では、「食」と「地域密着」を差別化の材料として客を呼び込む展開をみせている。大宮店では地元住民の日常をより豊かにするような日常性の高い食の提案や、地域密着をテーマとした催事・イベントを強化して来店に導く戦略を重視している。2021年度は新客を獲得するために人気の食イベントに磨きをかけ、その改善と向上に注力した。例えば、同年9月に行った「第5回パンフェスタ」は「愛しいパンは、罪の味」をテーマに大宮店初登場の話題店を誘致した。

食品フロアの改装は2022年7月から段階的に進め、第1弾として菓子売場に新ブランドを導入した。菓子は大宮店の食品のなかでも好調の売場で、自分へのご褒美や手土産、贈り物として買われることが多いという。大宮エリアには食が充実した商業施設が数多くあるが、この動向は大宮店にギフトの役割が求められている証拠であり、その強みをさらに拡充する目的がうかがえる。

他方、大宮店では埼玉県および大宮市の魅力を伝える取り組みを積極的に推進している。2021年度は埼玉県と連動した「環境クイズラリー」を実施した。店内の3か所には「埼玉県の環境クイズ」を設置し、「日本の海の問題が学べる絵本」と、埼玉県の浄水場で処理された水道水「彩の水だより」をプレゼントとした。こうした活動には子供を伸ばす教育の一環として参加する親が多いため、ファミリー層の来店につながっている。

このような成果をもとに2022年3〜4月は大宮店の35周年を記念した「開店35周年誕生感謝祭」を開催し、限定グルメや抽選福袋の販売、特別価格セール等を実施した。また、書道の強豪校である埼玉県立滑川総合高等学校のパフォーマンス作品展示や特別支援学校大宮ろう学園の絵画作品展など、コロナ禍で活動が制限される学生の発表の場を提供した。

2022年4・5月に大宮店では、埼玉県で話題の旬な情報に特化したWebサ

イト「埼玉日和（さいたまびより）」とコラボしたイベントを行った。埼玉日和
の記事をポップで掲示し、その横に記事のお出かけスポットにあった商品を展
示した。商品だけでなく地元の観光地を紹介したが、これが遠方への移動が難
しいなかでの楽しみ方を提案する結果となり、来店客数が大幅に増加した。大
宮店では、消費者の価値観の変化を捉えた店づくりで新たな顧客を獲得するこ
とで、これからも地域に根差した"要"として愛され続ける地域一番店の座を
目標とする。[23]

おわりに

　第 1 には、地域経済の活性化を重視した経営戦略が、2018 年以降に大都市
における呉服系百貨店の髙島屋と電鉄系百貨店の近鉄百貨店にみられた。髙島
屋では「まちづくり戦略」、近鉄百貨店では「地域共創型」と銘打って動き出し、
なおかつそれぞれの地方グループ店である米子髙島屋と近鉄奈良店でも連動し
て繰り広げられていた。

　第 2 には、第 1 の髙島屋以外の大手呉服系百貨店グループの地方百貨店でも、
ネーミングが異なるものの松山三越の「地域協業型」、松坂屋静岡店の「地域
共生型」、高知大丸の「地域共生型」、そごう大宮店の「地域密着策」が展開し
ていた。これらの百貨店においても地域経済の活性化のハブとして、地元の自
治体・企業・団体などと連携・協力しながら推し進めている。

　2020 年代はコロナ禍による消費低迷が生じるなかで、大都市の大手百貨店
ではグループ戦略において全店舗による地域密着戦略が一層加速し、"地域協

23）前掲雑誌、2018 年 6 月号、83-86 頁。同上雑誌、2018 年 11 月号、9 頁。同上雑誌、2019 年 6 月
　　号、87-90 頁。同上雑誌、2020 年 10 月号、37-40 頁。同上雑誌、2020 年 11 月号、32 頁。同上雑誌、
　　2021 年 3 月号、22-24 頁。同上雑誌、2021 年 8 月号、44-46 頁。同上雑誌、2022 年 7 月号、35-37 頁。
　　https://www.sogo-seibu.jp/omiya/・https://www.sogo-seibu.co.jp/（2022 年 8 月 15 日閲覧）。埼玉日和–
　　埼玉県メディアサイト、https://saitamabiyori.com/（2022 年 8 月 15 日閲覧）。また同じ埼玉県では、
　　川越市の丸広百貨店が「運営する駅近接型 SC のアトレマルヒロは、丸広百貨店とのグループ連携
　　強化に加えて、地域や学校、行政など地域密着策」で、2019 年度に年間売上高 100 億円を目指し
　　たようなケースがある。これは、同じグループ内の百貨店と SC が連携した地域密着戦略として
　　興味深い動向である（前掲雑誌、2019 年 8 月号、94 頁）。

業・共生・共創型"の新モデルが開発されていた。つまり、地方百貨店が活路を見いだすためには百貨店業全体にとって、すでに各都市の自治体や企業・住民自体が認識できる地域経済の活性化に向けた経営戦略の策定と持続が課題となっている。

　2014年9月から第2次安倍政権下で開始された地方創生（ローカル・アベノミクス）は東京一極集中を是正し、地方の人口減少に歯止めをかけ、日本全体の活力向上が目的とされてきた。これには、地方百貨店の存続が各自治体の施策と大きく関連しているため非常に重要である。今後もコロナ禍により厳しい経済状況が続くことが予想される。このなかで地方百貨店の経営戦略に組み込まれた地域経済の活性化策とその継続計画が、各都市の自治体・企業等にとっても必要不可欠になっている。ここに地方百貨店が存在し続ける意義がみえてくる。

第9章　地方百貨店と地域経済の活性化

はじめに

　表9-1には、前章および本章で取りあげた大手・地方百貨店の2021年度の売上高とその全国・地方全体での各順位などを一覧にした。これらの順位から読み取れるように、各百貨店については上位より下位までのなかから満遍なく抽出した。本章では第1に地方都市における電鉄系百貨店の4店舗、第2に中国地方の地方百貨店である天満屋本店・支店の4店舗を対象とし、近年の地域密着戦略による地域経済の活性化への取り組みを探っていこう。

第1節　地方都市における電鉄系百貨店による地域経済の活性化

　日本の百貨店は明治後期に登場した前章でみた呉服系百貨店以外に、昭和初期に大阪と東京で電鉄系百貨店、いわゆるターミナルデパートが営業を開始した。現在では地方都市にそのグループ店が展開し、各都市において駅およびその周辺空間の発展に貢献するだけでなく、都市空間の高度かつ多様な機能が集積する中核拠点となっている店舗も存在する。そこで、本節では大手の電鉄系百貨店の支店（東武百貨店船橋店、近鉄百貨店四日市店）と、地方都市に基盤を置く電鉄系百貨店（遠鉄百貨店、名鉄百貨店一宮店）の4店舗による地域密着戦略をみていこう。

1.　東武百貨店船橋店（ケース5）

　千葉県船橋市の人口は2020年3月に64万人を超え、同市の発表によると全

表9-1 2021年度の対象百貨店の店舗別売上高・順位などの比較一覧

ケース	店　名	全国順位	地方順位	売 上 高	前年対比	売場面積
	近鉄百貨店本店	3（3）		155,777,535	101.0	213,434
	髙島屋日本橋店	6（6）		120,840,982	105.9	47,322
7	名鉄百貨店	39（39）		35,801,606	101.6	72,497
9・10	天満屋岡山店	41（41）	14（13）	35,035,516	100.9	62,222
6	遠鉄百貨店	51（57）	21（24）	28,217,677	108.3	35,600
5	東武船橋店	53（54）	23（22）	27,677,850	101.7	36,450
4	そごう大宮店	57（60）	25（27）	26,151,716	111.8	40,295
8	近鉄四日市店	64（63）	31（30）	21,021,942	99.7	42,857
2	松坂屋静岡店	74（75）	40（41）	16,639,300	108.1	25,452
11	天満屋福山店	80（78）	44（42）	15,138,444	99.6	26,907
3	高 知 大 丸	100（102）	63（65）	8,466,316	101.2	15,376
1	松 山 三 越	120（107）	81（69）	4,721,674	62.0	20,107
12	米子しんまち天満屋	121（125）	82（85）	4,642,259	99.6	18,398
	米子髙島屋	128（133）	88（92）	3,736,309	98.3	11,428

備考：①単位は千円、％、㎡。②2021年度の全国順位は134店舗、地方順位は93店舗中の順位。③地方百貨店は6大都市（東京、横浜、名古屋、大阪、京都、神戸）以外の地区の店舗である。④近鉄百貨店本店の売上高・売場面積等は本店（あべのハルカス）・上本町本店・東大阪店・奈良店・橿原店・生駒店、名鉄百貨店は名古屋本店と一宮店、天満屋岡山店は岡山店・津山店・倉敷店、近鉄百貨店四日市店は四日市店と名古屋店、天満屋福山店は福山店とポートプラザ店の合算である。そのため一覧には天満屋倉敷店と近鉄奈良店がみられなく、髙島屋日本橋店、近鉄百貨店本店、米子髙島屋を加えた14店舗。⑤（　）内は2020年度の順位。同年度の全国順位は140店舗、地方順位は98店舗中の順位。⑥ケースの番号は前章と本章での掲載順。

出所：『ストアーズレポート』株式会社ストアーズ社、2021年5・6月合併号、20-23頁。同上雑誌、2022年5月号、21-24頁より作成。

国1,724市町村のうち21番目に位置し、政令指定都市を除くと全国で最も人口の多い都市として中核市のなかで最大になった。船橋市という巨大なマーケットは拡大の一途をたどっている。船橋駅に店舗を構える東武百貨店船橋店（以下、船橋店）にとっては、商圏人口の増加やそれに伴う再開発は追い風となっている。しかし、その周辺ではイオンモール船橋、イオンモール幕張新都心、三井アウトレットパーク幕張、ららぽーとTOKYO-BAYといった郊外型のショッピングセンター（以下、SC）がしのぎを削っていることも確かである。

　このようななか船橋店は生活ニーズに応える品揃えや地元の団体との協業によって、地域に住む方々と沿線を利用する顧客のすべてのニーズに応える

「マイストア」を目指している。マーチャンダイジング（以下、MD）戦略では、2021 年度には「ユニクロ」をはじめ日常性の高いテナントを導入し、地下 1 階の生鮮売場をリニューアルした。

　2022 年度はベビー・キッズ向けのサービスを充実させ、船橋店は 30 〜 40 代の子育て世代の取り込みにかかる。同店は地域のスポーツチームや生産者と協業した企画を立案・実行し、地域経済の活性化に貢献するとともに若年層を中心とする消費者との接点を拡大していった。地域密着戦略としては売場を「FUNABASHI いちばんち市場」と命名し、また各ショップで県産品を扱う既存のショップを「木更津 厚生水産」「船橋 丸あ商店」と地名を入れた店舗名に変更して積極的に進めた。

　船橋店では、より地域に根差して親しまれる店になるために地元の団体との協業を進取的に繰り広げている。このなかでも大きな成功を収めたのが、バスケットボール男子 B リーグの千葉ジェッツの応援キャンペーンである。2020-21 シーズン終盤にあわせて実施した際には、そのタイミングで千葉ジェッツが試合に勝ち続け、ファンの間では「船橋東部のおかげでは？」と盛りあがったという。優勝したときには船橋店が多くのファンで大いに賑わい、その様子はテレビで全国に放映されるなど注目を集めることができた。

　千葉ジェッツと同様に船橋店では、ラクビーチームの「クボタスピアーズ船橋・東京ベイ」についても同様の大規模なキャンペーンを行っているため、両チームのファンのなかでは同店が “ 聖地 ” 化している。ここ数年、船橋店がスポーツチームとの協業を一段と強化したことが実を結んだといえよう。同店が、船橋という街の魅力や賑わいに貢献できている様子が十分捉えられよう。

　このスポーツチームとのコラボレーション（以下、コラボ）に加え、船橋店では 2022 年春に映画「20 歳のソウル」の公開記念フェアとして「名場面展」を開催した。この映画は船橋市立船橋高等学校の実話をもとにしたもので、5 月の公開にあわせて 4 月 27 日から展開した。船橋店では 50 周年に向けて地域貢献の取り組みをより強化し、「地域・沿線住民にとってのマイストア化」を目指している。そのため、市立船橋高校の吹奏楽部の絆が生んだ希望と感動の物

語を地域・沿線の大勢の人に知らせたいという思いから、この企画を開催した。具体的には写真展や主演俳優による特別店内放送、6階の旭屋書店での原作書籍の販売や著者のサイン会、ロケ地ラリーなどを行った。

　このフェアには20代の来店客が多く、他県から来訪した出演俳優のファンもみられた。SNSではポスターを撮影した投稿があり、これまで接点が少なかった若年層を店内に呼び込むことに成功した。映画が実話をもとに制作されていたために、市立船橋高校の関係者など地元住民の幅広い世代が足を運んだ。このコラボ企画は船橋店が配給会社の日活株式会社にコンタクトを取り、船橋市観光協会との共同企画として実現したものであった。船橋店が、地域経済の活性化のために常にアンテナを張っていた努力が功を奏したケースであった。

　船橋市や千葉県は農業・漁業が盛んで特産品が数多く存在するため、船橋店では地元の生産者と組んだ企画を展開している。2021年夏は船橋市とその周辺の梨をギフトとして提案する「船橋東武の梨ギフト」と、様々な産品をギフト化した「千葉・船橋銘産品ギフト」をスタートした。とくに、梨ギフトは店頭とEC（イーコマース）サイトのどちらも売れ行きが好調で、7〜8月の販売期間で目標の倍を売りあげるという大ヒットとなった。2022年度は池袋駅のコンコースで梨や産品の販売会を行い、販売数をより一層増加させている。船橋店は、地場の産品をブランド化して拡大販売する「地域商社」の役割を果たしているといえる。将来的には船橋市（千葉県）の物産展としてパッケージ化し、全国の百貨店や商業施設への出店を見据えている。他方では、地元住民にとっての「マイストア」的な地域に根差した店づくりによって、店舗自体の魅力を引きあげたいとする大きな目的がある。[1]

---

1)　『ストアーズレポート』株式会社ストアーズ社、2020年2月号、80頁。同上雑誌、2020年10月号、35-37頁。同上雑誌、2021年3月号、25-27頁。同上雑誌、2021年8月号、42-44頁。同上雑誌、2022年7月号、32-35頁。https://www.tobu-dept.jp/funabashi/（2022年8月15日閲覧）。https://www.tobu-dept.jp/（2022年8月15日閲覧）。船橋市の常住人口64万人到達、https://www.city.funabashi.lg.jp/shisei/toukei/003/p020222.html（2022年8月15日閲覧）。千葉ジェッツふなばしが船橋東武をジャック！TOBU×千葉ジェッツふなばしBリーグ開幕応援キャンペーンを10/1から開催、https://www.tobu-dept.co.jp/pdf/200925.pdf（2022年8月15日閲覧）。東武船橋店でクボタスピアーズ船橋・東京ベイ応援フェアが開催中！、https://www.kubota-spears.com/event/2022/01/12/110000.html（2022年8月15日閲覧）。東武百貨店船橋店で「20歳のソウル」公開記念で「名場面展」やロケ地マッ

2.　遠鉄百貨店（ケース 6）

　2023 年の NHK 大河ドラマ第 62 作目として「どうする家康」の放映が決まり、静岡県浜松市では同年 1 月の開館に向けて浜松城に隣接するドラマ館の準備が進められている。

　地方自治体（以下、自治体）による地域経済の活性化策が動き出したなかで、2022 年 4 月下旬から 5 月中旬にかけて駅ビル周辺の 3 店舗のスーパーが営業を終了したことを受けて、遠鉄百貨店ではそれらの後継店が開店するまでの空白期間において新客の開拓に努めている。例えば、同年 6 月上旬に遠鉄百貨店は「生鮮まつり」と題して地元の漁港から旬の魚を直送で販売し、価格訴求を講じることはもちろん折込チラシを配布するなど、使い慣れたスーパーを失って困る人々を呼び込む営業展開をみせた。近隣のスーパー撤退に伴う遠鉄百貨店の対応は、地元住民に対し良い印象を与える地域に特化した戦略といえよう。

　そして、同店では地域の特色を打ち出していった。すなわち、百貨店の本質的な強みは面積を最適化しつつ研ぎ澄ませることであるが、並行して地域の特長や個性を独自性として組み込んでいった。

　"遠鉄百貨店ネットショッピング" では、地元で人気店の「僕家のらーめん」「麺屋さすけ」のお取り寄せラーメン等を販売しながら、地域商社や地域のショールームを担い、インバウンドとアウトバウンドを増やしていく目標を掲げている。また、焼津市の老舗「サスエ前田魚店」と組んで販売した「前田尚毅厳選 金目鯛 漬け魚」が 9,720 円と高額ながらも売り切れた。実に、将来的にも地域資源の活用が大きく期待できる結果となった。

　遠鉄百貨店では、2021 年度まで段階的に百貨店の最適化を手掛けてきた。この始動は 2019 年度に新館 4 階に無印良品、同 5 階に東急ハンズを誘致し、本館 8 階のレストラン街を刷新したことであった。2021 年度は 9 月にユニクロが新館 3 階にオープンした。同年 6 月には、洋菓子の "うなぎパイ" で全国的知名度が高く名産品となっている地元の老舗菓子店の「春華堂」が新館地

プ掲示、今後は「ロケ地ラリー」も開催予定、https://myfuna.net/archives/townnews/220501（2022 年 8 月 15 日閲覧）。

下1階でリニューアルオープンした。本館では同年9月に音楽やアート作品を取り揃え、ファッションやカルチャーを発信する通販サイト「ウサギオンライン」のリアルショップを2階に移設し新装開店した。春華堂は前年比31.6％増、ウサギオンラインは同16％増と伸長し、とくにウサギオンラインは「アナイ」や「セオリー」を含めた周辺売場の一帯を活性化させた。

　遠鉄百貨店の本館に百貨店、新館に専門店を集約する戦略は軌道に乗っており、改装を継続しつつ百貨店と専門店の本質的な強みと地域性を色濃くしていきたい意向である。新館にはまだまだテナントを組み込む余地があり、本館はコロナ禍で取引先が厳しいなか、どうにか売場を埋めている状態であるが、徐々に売場の固め直しを進めている。例えば、2022年4月には本館4階に“足元から健康を考える”をキャッチフレーズとする靴店の「楽歩堂」を入れた。このあともタイミングを見極めて順次、人気の高い魅力的な専門店を誘致していく予定であるという。

　2021年度の遠鉄百貨店の売上高は前年比9.4％増の279億円、定借部分をあわせた取扱高は同10.7％増の306億円であった。コロナ禍前の2019年度に対しても1割減ほどまで巻き返したが、遠鉄百貨店はイオンモール浜松志都呂、イオンモール浜松市野、ららぽーと磐田、プレ葉ウォーク浜北、サンストリート浜北などのSCが乱立するエリアに身を置いている。しかも、新幹線で30分前後の静岡駅や名古屋駅にも大型商業施設が多い。いうまでもなく、遠鉄百貨店にとって生存競争が過酷であることは間違いない。

　このためにも、2022年度の経営方針（社長メッセージ）である「遠鉄百貨店は『地域の皆様とのつながり』を大切にし、『心豊かなライフスタイル』を提案し続けます」を軸に、百貨店と専門店さらには地域資源の融合を推し進め、地元住民に愛される“根”をより強固に張り巡らせていく地域密着戦略が肝要であろう。[2)]

---

2)　前掲雑誌、2021年8月号、120-121頁。同上雑誌、2022年3月号、13頁。同上雑誌、2022年7月号、93-95頁。https://www.endepa.com/（2022年8月15日閲覧）。どうする家康、https://www6.nhk.or.jp/nhkpr/tag/index.html?i=27551（2022年8月15日閲覧）。次は家康 大河ドラマ館、静岡で準備着々：あ

3.　名鉄百貨店一宮店（ケース 7）

　人口が約 38 万人の愛知県一宮市は 2021 年 4 月 1 日に中核市へ移行し、同年 9 月 1 日に市制施行 100 周年を迎えた。同市ではこれを記念した事業を行い、名鉄百貨店一宮店（以下、一宮店）でも中核市と市制 100 周年にあわせて、これに関連した記念の催しを開催した。前者の 2021 年 4 月に実施した「中核市『一宮』誕生記念祭」では、6 階イベント広場に一宮市の花屋 9 店舗が出店して「わが街のフラワー百華展」を開催した。1 階では地元の和菓子・パンを集めた「パン・ケーキ＆和菓子食べたい！フェア」を、店内各フロアでは尾州生地を特集した。また、会期中に開いた愛知県出身のオペラ歌手によるフラワーコンサートが大変な盛りあがりをみせた。

　後者の市制 100 周年について一宮店では 2021 年 9 月に記念催事の開催を予定していたが、愛知県に緊急事態宣言が発令され延期となった。しかし、同店が企画していた取り組みを同年 12 月の「クリスマスご愛顧感謝祭」で実施した。それらは同年 4 月に開催して好評を博したオペラ歌手によるクリスマスコンサート（無料）や、鍼灸師によるトークショー＆ストレッチ教室（無料）、コーヒーインストラクターによる美味しいコーヒーの淹れ方講座などで、各回とも満席になるほど盛況な催しとなった。

　一宮店では、ほかにも地元とのつながりを重視するイベントを積極的に進めた。2021 年 11 月の「開店記念祭」では一宮市を中心に食品やアパレル、雑貨類を取り扱う多くの地元企業が参加し、各フロアで期間限定ショップを展開した。2021 年 10 月 1 日から着用が努力義務化された自動車用ヘルメットやオーダーメイドインソール、尾州生地の御朱印帳、地元料亭の弁当などが人気を集めた。

　2022 年 2 月の「アンチチョコレート派に贈る 魅惑のあんフェア」では、一宮市とその周辺の和菓子店に加えて名古屋生菓子組合青年会とのコラボによって、同青年会からも和菓子店が出店した。7 階の喫茶（ぶどう圓）では、同青年

なたの静岡新聞：深堀り情報まとめ〈知っとこ〉、https://www.at-s.com/news/shittoko/1015861.html （2022 年 8 月 15 日閲覧）。https://www.rakuhodou.com/（2022 年 8 月 15 日閲覧）。

会の和菓子店9店舗の味を楽しめるあんこ食べ比べワッフルセットやオリジナルあんパフェが提供された。

　地元とのつながりは、催事・イベントだけでなく店舗においても強まっている。一宮店の2021年度の売上高は前年比102.6％で予算も上回っていたが、これはコロナ禍で食品が強さを発揮して店舗売上げの6割までシェアを上昇させたからであった。いわゆる巣ごもり需要が一巡したために、地下1階の食品の生鮮3品は売上げの横ばいが続いたが、実は名古屋本店の生鮮3品を上回るほどの強さがみられた。また、1階の和洋菓子もお土産と進物需要が回復基調にあること、それに加えて6階催場での食催事や地元スイーツ催事などが売上げを押しあげた。

　店舗のなかで提案拠点となっている1階の「スイーツ新生マルシェ」では、一宮市を中心に周辺地域のスイーツ店が期間限定の販売を展開している。同じく2階の「新生○活サロン」は、地元で頑張っているすごい人や素敵な人を紹介しながら、顧客のこれからの新生活に向けて様々な困り事・悩み事を解決するためのサロンとして開設された。ここでは、「スマホお困り相談」「占い鑑定」「地元化粧品店による すっきりつるすべ肌体験イベント」等を実施した。

　2022年度は、「新生から未来へ 道（ルート）を開く！22年目の挑戦 すごいと素敵がいちのみやへ」をテーマに掲げている。開業して22年目の一宮店が、一宮市内を通る国道22号線沿いにある企業とのコラボ企画など新たな挑戦を試みつつ、これまで取り組んできた地域密着戦略をさらに深化させている。これは他店との競争に勝つためというよりは、地方が抱える課題そのものと向きあい、これまで以上に地域とのつながりや地元企業とのコラボ、自治体と連携した活動に乗り出すためのものあった。

　2022年春に開催した「布の市」には、尾州生地を使用した衣料雑貨を製造しているイチテキ、岩村染色、タキヒョー、豊島紡績、一宮地場産業ファッションデザインセンター（FDC）等を含めた地元企業が参加した。このなかにはルート22グッズを販売する企業が加わっている。また、一宮店ではコロナ禍で開けなかった大型催事の「北海道物産展」を開催することで、2022年度もプラ

スの売上げを確保する狙いがある。[3)]

4. 近鉄百貨店四日市店（ケース 8）

近鉄百貨店四日市店（以下、四日市店）はヒト・モノ・コト・トキをつなぎ、地元の魅力を発信していく「地域共創」の活動として「いいよん！よっかいち」を立ちあげた。同店では四日市市や三重県の情報発信機能を持った無印良品の大型店舗オープン（5 階）など、大規模改装があった 2018 年度から地域共創の事業をスタートさせた。これにより四日市店は街づくり型複合商業施設、いわゆるタウンセンター化に向かって動き出した。

これまで四日市店では、地元の作り手と顧客が直接話しながら欲しいモノを発見できる「いいよん！よっかいちフェスティバル」、三重県の物産を集結させた「まるまる三重フェスタ」、四日市商工会議所が四日市市内の各地で開催している "まちゼミ" とコラボした「四日市まちゼミサテライト」、こどもがまちづくりをする「こども四日市 in 近鉄百貨店」等のイベント・物産展を開催してきた。2019 年 3 月には 1 階の食品フロアに三重県の特産品を取り揃え、同県の美味しさを伝える地元アンテナショップ "伊勢路テラス" と、尾鷲の特産品の PR 拠点となる尾鷲しおラーメンの "モクモクしお学舎" を設けた。5 階にある無印良品では、ショップ内で四日市市と三重県に関するイベントやワークショップを開催してきた。

四日市店は、2022 年春に 3 億円をかけた改装で 2 階にオープンさせた「Plugs Market（プラグス マーケット）四日市店」でタウンセンター化を大幅に前進させた。2022 年 4 月 20 日にオープンしたプラグス マーケットはキーワードに「地域を元気に！」を据えて、地域密着型の特色が浮かびあがる店舗づくりを進めるパートナー企業とともに地域の魅力を発見・発信し、その可能性を育むマー

---

3) 前掲雑誌、2020 年 10 月号、108-110 頁。同上雑誌、2020 年 11 月号、31-32 頁。同上雑誌、2021 年 8 月号、115-117 頁。同上雑誌、2022 年 7 月号、88-90 頁。https://www.e-meitetsu.com/mds/ichinomiya/（2022 年 8 月 15 日閲覧）。https://www.e-meitetsu.com/mds/（2022 年 8 月 15 日閲覧）。2021（令和 3）年一宮市は市制施行 100 周年を迎えました！、https://www.city.ichinomiya.aichi.jp/sougouseisaku/seisaku/100th/index.html（2022 年 8 月 15 日閲覧）。

ケットを作る東急ハンズの新業態である。四日市店では東急ハンズとコラボして
プラグス マーケットを運営している。このマーケットは、「伝え場（イベント
ゾーン）」「モノの場（東急ハンズ商品展開ゾーン）」「話し場（テナントゾーン）」の
3つのゾーンで構成されている。

　伝え場は、このマーケットのシンボルゾーンとして地域の魅力を発信する販
売イベントを中心に、1〜2週間単位で出店するポップアップ形式で展開して
いる。目玉は「プラグス 三重コレクション」をタイトルに、「素敵な朝食から
始まる三重暮らし」をテーマにした地元ベーカリーのパンやその周辺の食材を
集める「グットモーニング」と、週替わりで三重の魅力を発信する「POP UP」
コーナーである。グットモーニングの場合は、三重にあるベーカリーより各日
3〜5店舗のこだわりのパンを日替わりで販売するほか、パンとともに楽しめ
るベーコンや野菜、ジャム、コーヒーなどの食材も提供して地域に朝から元気
を届けている。

　このマーケットの開業で地元の良さを発信する拠点が増えた。2022年度から
はマーケットがある2階と無印良品・催事場がある5階を中心にして、他のフ
ロアにも拠点を広げながら地元の魅力を発信する活動強化を進めている。

　これに加えて三重県と近鉄百貨店が「産業振興等に関する協定」を結んだ施
策が、地域経済の活性化への貢献活動を促進させる仕組みづくりとなった。両
者が2022年4月に協定を締結した目的は、両者が有する情報やネットワーク、
ノウハウなどの経営資源を有効に活用することである。そして、両者が大阪・
関西万博の開催を契機に、その準備期間を含めて相互に連携して取り組み、三
重県内の産業の振興発展および地域経済の活性化を図ることにあった。協定締
結後には連携による取り組みの第1弾として4月20日から5月5日にかけて、
地域共創の実現に向けた四日市店の全館リニューアルオープンを記念した「全
館まるごと三重フェア」を開催した。

　2021年度の四日市店の売上高は4.1％増（約163億1,900万円）、来店客数は0.9％
減であった。これを受けて翌22年度は売場活性化の中軸施策である「FC事業」
の推進、「いいよん！よっかいち」の活動、「スクランブルMD」の3つに努め、

同時に出足から好調なプラグス マーケットの勢いを持続させ、前年度と同等の増収を見込んでいる。[4]

第 2 節　天満屋による地域経済の活性化

　前章と本章のここまでで、大都市における大手呉服系・電鉄系百貨店グループの地方百貨店を中心にみてきた。本節では岡山県岡山市を本店とする天満屋を取りあげてみよう。天満屋は、2001 年に高松天満屋が開業したことで中国・四国地区で一時期、11 店舗の展開をみせた西日本を代表する地方百貨店である。しかし、広島八丁堀店と広島アルパーク店に次ぐ 3 店舗目として開業した地域密着型の郊外型百貨店であった広島緑井店が、2022 年 6 月 30 日に閉店し広島市内の 3 店舗すべてが消えている。[5]

　現在は、岡山県の岡山本店・津山店・倉敷店、広島県の福山店・福山ポートプラザ店、鳥取県の米子しんまち天満屋の 6 店舗を展開している。天満屋グループでも店舗数が減少しているが、この意味でも残された各店舗では、それぞれの都市において地域経済の活性化に向けた営業施策が重要となっている。

　天満屋では、経営理念に「優良商品の販売を通じて、地域社会の生活・文化の向上に寄与する」を据えて、「地域社会の発展のために、お客様の豊かな暮らしの実現のために、お客様が求めているものは何か、地域が求めているものは何かを常に追求し続けることが我々の存在意義であることを考える」と掲げ

4)　前掲雑誌、2018 年 11 月号、15-16 頁。同上雑誌、2018 年 12 月号、82-83 頁。同上雑誌、2019 年 6 月号、173-174 頁。同上雑誌、2019 年 7 月号、20-21 頁。同上雑誌、2020 年 9 月号、64-66 頁。同上雑誌、2020 年 11 月号、31 頁。同上雑誌、2021 年 7 月号、48-50 頁。同上雑誌、2022 年 7 月号、96-98 頁。https://www.d-kintetsu.co.jp/store/yokkaichi/（2022 年 8 月 15 日閲覧）。地域共創型百貨店をめざして リフレッシュオープン記念「全館まるごと三重フェア」、https://www.d-kintetsu.co.jp/store/yokkaichi/pdf/refreshiopen20220420.pdf（2022 年 8 月 15 日閲覧）。三重県と近鉄百貨店が「産業振興等に関する協定」を締結〜地域活性化の取り組みをさらに推進します〜、https://www.d-kintetsu.co.jp/corporate/pdf/20220406000583.pdf（2022 年 8 月 15 日閲覧）。同じ三重県では津市の津松菱による「三重県観光協会との提携による"三重の逸品百貨店"の立ちあげ」ている（前掲雑誌、2019 年 7 月号、18-20 頁）。

5)　同上雑誌、2022 年 8 月号、67 頁。

ている。本節では岡山本店、倉敷店、福山店、米子しんまち天満屋の4店舗の
地域密着戦略を中心にみていこう。

1. 天満屋岡山本店（ケース9）

　イオンモール岡山が岡山県全域の約192万人、約80万世帯の商圏を背景に、
JR岡山駅南側に出現した2014年12月以降、中心街の商業施設は新たな競合
時代に突入した。

　このイオンモールは、そのグループ力を結集して開発され「西日本の旗艦店」
と位置づけられている。この大型商業施設は地下2階・地上8階建てで貸借面
積が約9万2,000坪で、「イオンスタイル」を核に東急ハンズやイオンシネマ
等をサブ核店舗として当時350を超える店舗が集積した。コロナ禍前の売上げ
規模は、全国のイオンモールのなかでトップクラスの水準に達していた。駅前
と中心商店街である表町のエリアは、このイオンモールの開業を機に2極間競
合が熾烈化しており、それに呼応するかのように両エリアの再開発計画に基づ
く「巨大モール化」が着々と進展してきた。

　このようななか天満屋は2019年に創業190周年を迎え、それ以来、基幹店
である岡山本店（以下、本店）に投資を集中し、同年8月30日に時計の専門館
「天満屋ウォッチギャラリー」の新設と化粧品売場の拡大改装を実施した。一
方で、2020年1月31日に広島アルパーク店を閉店するなどの構造改革を断行
した。コロナ禍の2020年度は大幅な減収を強いられたものの、天満屋全体で
営業利益を確保することができた。販売管理費の削減とともにコロナ禍前まで
の構造改革が奏功し、2桁の減収だった本店も営業利益を死守した。本店では
2021年度は店舗ビジョンに"絶対的地域1番店"を掲げ、「地域密着」「品揃え」
「接客サービス」の3つの観点から戦略を推進した。

　2020年度も地域密着戦略を積極的に繰り広げた。2020年4月末に天満屋が
中国銀行、山陽新聞社、アイディーエイ、中国四国博報堂の4社と「地域経済

6）　https://www.tenmaya.co.jp/okayama/（2022年8月15日閲覧）。https://www.tenmaya.co.jp/（2022年8
　月15日閲覧）。

活性化に向けた協定書」を締結し、同年 11 月 25 日に「(株) せとのわ」を設立した。5 社の経営資源を活用して県産品の域外への販売、商品開発の支援 (コンサル業務)、BtoB (企業間) による商品の開発・輸出など、地域生産者の活動を全面的にサポートしていく地域商社事業を開始した。

　本店では、2021 年末から翌 22 年春にかけて 3 年ぶりとなる改装を手掛けて 3 月 2 日に完成させた。この改装は豊かな生活に貢献する地域密着戦略を主軸とする百貨店として、ライフスタイルの変化に対応した商品提案・サービスを行うとともに、顧客の新たな発見につながるような魅力ある店舗づくりに照準を定めたものである。天満屋全体の 2022 年度の営業方針は「価値を高める」であり、本店はまず最優先の課題である品揃えで価値を高めた格好となった。天満屋全体、とくに本店では環境やサービス、そしてヒトの育成を含め、地域の生産者と協同した商品開発、地域の特産品を他の地域へ発信、同じ地域の商店主と共同で取り組む販売促進策など、地域とともに成長する企業として一層磨きあげていく営業戦略を立てている。

　天満屋は 2029 年に創業 200 周年を迎える。2021 年度の本店の売上高は前年比 5% 増、コロナ禍前の 2019 年度比は 14% 減で、まだ回復途上である。一方、強みである美術は好調で、2019 年度比でも 2 桁伸長を遂げた。江戸時代からの暖簾を守り続けるためには、改装をテコに引き続き "絶対的地域 1 番店" の戦略を加速させ早期回復を目指している。[7]

2.　天満屋倉敷店 (ケース 10)

　JR 倉敷駅は JR 岡山駅から普通電車で 15 分程度の距離に位置するため、倉敷駅周辺の大型商業施設は岡山商圏の大型店の出店や既存施設の大改装の影響を受けやすい。すなわち、倉敷駅を中心とした中心街の大型商業施設は岡山商

---

7)　前掲雑誌、2019 年 10 月号、88 頁。同上雑誌、2020 年 9 月号、78-79 頁。同上雑誌、2021 年 9 月号、16-19 頁。同上雑誌、2022 年 8 月号、56-59 頁。前掲注 6) の前者ホームページ (2022 年 8 月 15 日閲覧)。天満屋ウォッチギャラリー、https://watch.tenmaya.co.jp/ (2022 年 8 月 15 日閲覧)。地域経済活性化に向けた協定書の締結について、https://www.tenmaya.co.jp/img/pdf/20200507release.pdf (2022 年 8 月 15 日閲覧)。

圏に包含されている。

　2014 年 12 月のイオンモール岡山の開業以来、エリア間の競合がますます熾烈化してきた。イオンモール倉敷と駅前のアリオ倉敷の両大型 SC が、2017 年から翌 18 年にかけて仕掛けた大規模改装がその表れでもあった。そのうえ、両 SC は親子 3 世代や子育て世代のニーズへの対応を強め、食・生活雑貨・コミュニティスペースを拡充して地域密着型の SC づくりに傾注してきた。

　両 SC と岡山商圏の影響は、駅前の天満屋倉敷店（以下、倉敷店）にとって避けられないことも確かである。倉敷店が減収基調から抜け出せないだけに、その店舗改革は必須であり、また天満屋グループが進める構造改革のモデル店舗と位置づけられている。このため倉敷店は、2020 年代に入って生き残りをかけた展開をみせている。

　天満屋では、コロナ禍の 2020 年度は収支改善の一環として組織を再編し、倉敷店は津山店とともに本店の「分店」に位置づけられ、後方部門の業務の一部を本店と本社に移管した。これは、販売促進の媒体や催事の共通化等による運営の効率化を図るためである。

　倉敷店では 2021 年度より本格的な店舗構造改革に取り組み、百貨店ゾーンを地下 1 階から 3 階と 6 階の 5 つのフロアに集約して 4 階と 5 階を専門店フロアに刷新した。但し、コロナ禍でテナントの誘致のスケジュールが後ろ倒しになったため、2021 年春は店舗構造改革の初年度と位置づけて先行して百貨店ゾーンから再編していった。

　地域経済の活性化に向けた戦略として 6 階レストラン街には、天満屋グループの企業である「せとうち児島ホテル」が運営する和食「岐備」と洋食「ポールブラン」、本店と連携した「てんまやファミリーレストラン」の 3 店舗を新規に導入した。和洋のレストランは地域食材を使用した料理を提供するなど、地域密着戦略と天満屋グループの連携による倉敷店ならではのレストラン街に変容した。また、催事場は 1 階のイベントスペース（約 200 坪）に集約し、中元・歳暮ギフトや地域物産展なども 1 階で実施した。

　倉敷店ならではの価値を高める品揃えと、地元に大いに貢献できる地域密着

戦略を強化していく方針である。この一例として同店では、4 階特設場で 2022
年 3 月 26 日から同年 5 月 8 日まで「てんまや すいぞくえん」を開催した。そ
こでは「キモカワイイ」をテーマに、様々な環境に適応するために進化した個
性的な姿や、かわいい姿の生き物約 25 種を展示して好評を博した。これは県
外への外出を控えている地元住民や県民の子供にとって憩いと学びの広場とし
て、かつ期間限定で設置した室内水族園として倉敷店の存在価値を高める結果
となった。当然、地元の子供たちに百貨店を楽しんでもらう企画にも結びつけ
たといえよう。倉敷店では、今後も地元のイベントや展示場に館内の場所を提
供するなど、地域貢献に向けた活動に積極的に取り組んでいく意向である。[8]

3.　天満屋福山店（ケース 11）

　福山市は、岡山・広島両市に挟まれた県内では広島市に次いで人口約 46 万
人を有する広島県東部の中枢中核都市である。商圏人口は、隣接する尾道市や
府中市などの 5 市町をあわせると約 75 万人に達する。但し、地理的な視点か
らみてみると、これから先も岡山・広島両市への消費流出に伴う都市間の競合
の熾烈化は避けられない。

　このなかで JR 福山駅前に立地する天満屋福山店（以下、福山店）は天満屋に
とって本店とともに基幹店であり、収益の安定化に向けた店舗構造改革を進め
ている。こうした周辺環境とコロナ禍の消費環境の変化に適応していくため、
2020 年度は①商品・サービスの高質化、②地域の商材発掘、地元の取引先優遇、
地域イベントの積極推進、③デジタル対応への意識付け強化（アプリ会員拡大）、
④教育元年の 4 項目を重点施策に掲げて各々に取り組んできた。

　なかでも、②の地域商材の発掘や地元の取引先との連携、地域イベントの
開催・参画といった地域連携活動が最も進んだ。その好例が、2020 年 10 月

8)　前掲雑誌、2020 年 9 月号、81-82 頁。同上雑誌、2021 年 9 月号、21-22 頁。同上雑誌、2022 年
　8 月号、61-62 頁。https://www.tenmaya.co.jp/kurashiki/（2022 年 8 月 15 日閲覧）。倉敷・天満屋に「す
　いぞくえん」「キモカワイイ」生き物 25 種−倉敷経済新聞、https://kurashiki.keizai.biz/headline/1133/
　（2022 年 8 月 15 日閲覧）。

に5階の紳士服フロアに新設した地元企業による新業態店舗「フクヤマモノショップ（約20坪）」である。ここには、福山市がある備後地方が国内最大のデニム生産地であるという地域性が見事に活かされている。このショップは、同市に本社を置く国産デニム最大手の「山陽染工」が運営するオリジナルセレクトショップである。このショップでは百貨店らしい落ち着いた木目調の内装に、福山市内の工場で製造されたデニムを使用した衣料品や雑貨を中心として、地元企業15社以上の商材をセレクトし、かつ入れ替えながら販売している。そして、この新業態店舗が地域経済の活性化につなげられる持続可能な専門店になることを目的とする。

　2021年度には①商品の高質化と魅力アップ、②収益の安定化、③地域とのつながり促進、④ウィズコロナ対策、⑤デジタル対応のさらなる推進、⑥外商活動の強化の6項目を重点施策に掲げ、それぞれ取り組んできた。

　2021年度は地域密着戦略を一段と促進していった。福山店では、同年5月1日に福山市が運営する「ふくやま子育て応援センターキッズコム」と、約4,000冊を有する「えほんの国」（約200坪）を8階に新設した。これらは、2020年8月30日で閉店した福山駅から徒歩5分程度の大規模複合商業施設「リム・ふくやま」より移設したものである。8階にはほかにレストラン街があり、親子3世代や子育て世代に足を運んでもらえるきっかけになる狙いがあった。それに加えて地域との連携がより強くなり、福山店にとってはフロア構成の見直しとテナント化による収益安定化に結びつく目的があった。

　福山店の地下1階食品フロアの惣菜売場には、2021年6月に「福山ニューキャッスルホテル」の惣菜ショップ、さらには地元で「ソウルフード」とまで呼ばれ人気の関東煮を提供する「稲田屋」を導入した。稲田屋は人気店だった「大衆食堂稲田屋」が閉店し、その事業を継承した地元の「阿藻珍味」が手掛ける。もちろん商品力アップ策であるが、地域とのつながり促進策でもある。

　福山店では、以前から地域の産品や商材に焦点を当てたイベントを毎月2、3の企画を開催して地域との連携を強化している。2020年度は地域との連携企画は大小を含め100企画超を数え、2021年度以降も短期イベントや商材開発

による品揃えの強化、ポップアップショップなどの新規企画を実施した。今後は、さらに地元の商材に特化した福山店のオリジナルのオンラインサイトを開設する予定である。

　本店と並ぶ天満屋の基幹店である福山店は収益の安定が求められるだけに、備後地方に不可欠なすべてを兼ね備えた伝統的な百貨店として認知されねばならない。そのために福山店では施設や商品、サービスの高質化を目指している。収益の安定化に向けてはテナント化を引き続き進めるが、この前提には以後も地元の百貨店としてモノ・コト提案の魅力化と運営の効率化ならびに地域との連携強化が必要であろう。[9]

4.　米子しんまち天満屋（ケース 12）

　米子市は、「新商都米子」に相応しい「コンパクトプラスネットワークのまちづくり」を推し進めている。これには、中心市街地と郊外の拠点となる場所を有機的に結びつける狙いがある。その一環が、2023 年度中の完成を目指した JR 米子駅の改修および新駅ビル開発である。米子市の中心市街地である角盤町エリアでは、える・もーる 1 番街において 2019 年 11 月に開業した滞在型複合施設「GOOD BLESS GARDEN（グッドブレスガーデン）」がコンパクトシティ化を意識した施設である。また、米子市は 2019 年 8 月に国土交通省が推進する「ウォーカブル推進都市」に賛同し、米子駅と角盤町、それに米子港の周辺を加えた 3 つのエリアは、それぞれの特色を活かした「居心地が良く歩きたくなるまちなか」の形成を目的として動き出している。

　これらの動向のなか米子しんまち天満屋（以下、米子天満屋）でも、「新商都米子」構想との共生による新たな百貨店づくりが進められている。米子天満屋は百貨店と専門店ゾーンで構成する SC である。2014 年 11 月に米子天満屋は、

9)　前掲雑誌、2020 年 9 月号、82-84 頁。同上雑誌、2021 年 9 月号、22-25 頁。同上雑誌、2022 年 8 月号、62-64 頁。https://www.tenmaya.co.jp/fukuyama/（2022 年 8 月 15 日閲覧）。https://fukuyama-monoshop.com/（2022 年 8 月 15 日閲覧）。https://inadaya.jp/（2022 年 8 月 15 日閲覧）。4 月 15 日から天満屋福山店で大衆食堂稲田屋の「関東煮」が先着順・数量限定で再販！、https://fukuyama.goguynet.jp/2021/04/15/inadaya-4/（2022 年 8 月 15 日閲覧）。

岡山県津山市を拠点として同県内と鳥取・島根両県で展開し、評判が良い食品スーパーの「マルイ」を導入したことで潮目が変わった。これ以後、広域からの集客と客層の拡大に向けた段階的改装によって成長軌道を描いてきた。米子天満屋は一般的な百貨店に比べて中心の顧客層が若く、子育て世代や親子3世代に支持されている。

米子天満屋では、こうした顧客層に人気の食品物産展が集客装置となっている。2020年度は1階センターコートで行う物産展を軒並み中止せざるを得なく、年間に11の企画から9月の「全国うまいもの大会」、11月の「北海道物産展」の2回のみの開催となった。他の物産展が半分程度に規模を縮小して開催されたために減収の一因となった。

しかし、米子天満屋では地域密着のイベントを強化してきた。鳥取・島根両県の窯元と木工作家が参加する「山陰民窯展」、地元の夏祭りである「がいな祭りイベント」、地元の物産展等を開催した。そのうえ、地元の飲食店の弁当を集めて販売する「米子エール飯（1～2日間）」を随時実施してきた。まさに地域経済の活性化の一環であり、米子天満屋では2021年度も引き続き地域関連の催事やイベントを積極的に繰り広げた。

2020年度は外商催事も強化してきた。同年から米子天満屋では、強みの美術催事や現代アート展などの告知を地元のテレビCMによる媒体に切り替えた。これにより山陰地方の広域から集客ができ、新しい顧客の開拓につながっているという。これは2021年度にも引き継がれ、さらに22年度もテレビ媒体を活用した外商による営業施策を継続する。

地域との連携では、2022年に入り3月5～7日の週末3日間に「山陰ええもんうまいもの市」を4階の催事場で開催した。折り込みチラシをしなくても1月3日の新春初売りの2日目より来店客が多く評判が高かったために、この先も米子天満屋では地元の団体や企業と協業したイベントの店内企画に進取的に取り組んでいく計画が立てられている。[10]

10）　前掲雑誌、2020年9月号、94-96頁。同上雑誌、2021年9月号、36-37頁。同上雑誌、2022年8月号、74-77頁。https://www.tenmaya.co.jp/yonago/（2022年8月15日閲覧）。「新商都米子」

おわりに

　地方百貨店では、2020 年からのコロナ禍による消費環境の劇的な変化と国内アパレルブランドの撤退問題が重なりながらも店舗構造改革を進めてきた。コロナ禍で在宅勤務の増加や外出自粛などによる新しい生活様式への変化に伴い、生活圏の近場で買物を済ませる購買動向が強まっている。これ自体を地方百貨店は存在価値を高める追い風としなければならない。この状況は既存の顧客との結びつきを深めながら、なおかつ新しい顧客との接点を拡大できる好機と捉えることができる。

　8 つのケースの地域密着戦略でみたように、地方百貨店は各地元の自治体や企業、商店街、団体との連携・協業を強めている。各地方では、商圏内で競合する大型複合商業施設や大型 SC も同様に地域との連携に注力している。それだけに今後はアフターコロナを見据えながら、各百貨店がそれぞれの地方都市で欠かせない「地域産業複合体」「コミュニティ拠点」「タウンセンター」等としての存続意義をさらに高め、地域への貢献活動を推進していく必要があろう[11]。

　地方百貨店は、むろん各店舗に全国区で誘致のハードルが高い著名な有力専門店を誘致しなければならないが、それだけなく地元企業との協業が不可欠である。地元企業との協業型の専門店は各地域ならではの品揃えを具現化できる。これにより地方百貨店に独自の「地域 MD」拠点ができ、地域経済の活性化に常に貢献できる体制が整う。これが地域性から導かれる独自性を生み出し、各地域の "文化発信施設" としても百貨店がなくてはならない存在になるための価値向上につながってこよう[12]。

　しかも、前章と本章で紹介した地方百貨店の各都市には、その地方で有数な

のまちづくり 2022－まちなかと郊外の一体的な発展を目指して－、https://www.city.yonago.lg.jp/secure/46327/shinshoto2022.pdf（2022 年 8 月 15 日閲覧）。
11)　前掲雑誌、2018 年 2 月号、6 頁。同上雑誌、2021 年 4 月号、14 頁。
12)　同上雑誌、2021 年 1 月号、26 頁。同上雑誌、2022 年 4 月号、10 頁。田中潤『みんなのデパート－地方百貨店に秘策あり－』歴史探訪社、2022 年。

観光地域が存在するケースもみられる。そのため観光まちづくりとあわせた各百貨店の地域振興を意識した展開が、こののちインバウンドの復活がみられるようになると有効な戦略として浮上する。現在、地方百貨店が消失した県庁所在地として山形県山形市と徳島県徳島市があげられる[13]。このようなケースが増加しないように、以後も地方都市における地方創生・地域経済の活性化に向けた施策と、それらと十分結びついた地方百貨店による地域に密着した営業展開に期待したい[14]。

　2019年に令和期に入り全国の百貨店が専門店を積極的に導入することで、次世代型百貨店モデルへの店舗構造改革に一層拍車がかかり出した。その途端にCOVID-19の感染拡大でパンデミックが起こり、2022年にはロシアのウクライナ侵攻によって混乱が続くなど世界経済が減速した。このなかで地方百貨店は各地元の自治体・企業等と連携し、"地域協業・共生・共創型"の令和期最初の地方百貨店モデルを構築していかねばならない転換期を迎えている[15]。

---

13)「三越徳島」が2022年4月13日にJR徳島駅前の複合商業施設「アミコビル」で正式開業したが、いわゆる大型店ではなく、高松三越のサテライト型の小型店である（前掲雑誌、2022年8月号、82頁）。なお、山形市の大沼が2020年1月26日（同上雑誌、2020年4月号、82-83頁）、徳島市のそごう徳島店が2020年8月31日（同上雑誌、2020年1月号、99-100頁）に閉店した。

14) 前章と本章で紹介した以外の地方百貨店でも次のような地域密着戦略がみられ、まさしく地方百貨店による地域経済の活性化策の時代であるといっても過言ではない。長野県松本市の井上による「松本味噌醤油工業協同組合に加盟の13の味噌蔵とタッグで"松本味噌コレクション"を開発」（同上雑誌、2017年3月号、13頁）。北海道帯広市の藤丸による「地域商社の機能を持った"百貨店街の駅"の確立」（同上雑誌、2018年5月号、97頁）。山梨県甲府市の岡島による「富士地域商社と山梨県産品をブランド化する"山梨セレクションプロジェクト"の立ちあげ」（同上雑誌、2019年4月号、7頁）。岩手県盛岡市の川徳による「商品調達の地域連携」（同上雑誌、2019年9月号、95頁）。山口県下関市の大丸下関店による「地域共創の強化」（同上雑誌、2020年4月号、26-28頁）。福井市の西武福井店による「地元企業と協業しレストラン街の全面改装」（同上雑誌、2020年5・6月合併号、84頁）。北海道札幌市の丸井今井札幌本店による「地域事業者の交流拠点の開設」（同上雑誌、2021年4月号、68頁）。沖縄県那覇市のリウボウによる「沖縄文化に根ざした"ゆいまーる（助けあい）経営"で地産品のブランド化」（同上雑誌、2022年2月号、66-67頁）。宮城県仙台市の藤崎による「地域の伝統工芸品の集積」（同上雑誌、2022年3月号、38-39頁）。福島県郡山市のうすい百貨店による「地域との連携を強め親切第一の"県民百貨店"へ」（同上雑誌、2022年6月号、31-33頁）。

15) 同上雑誌、2019年9月号、28頁。同上雑誌、2019年11月号、10頁。同上雑誌、2019年12月号、12頁。

執筆者紹介（執筆順。なお*は編者）

松井温文＊（まつい あつふみ）：序章・第 1 章・第 4 章執筆
　　岡山商科大学経営学部 教授

菊森智絵（きくもり ともえ）：第 1 章執筆
　　関西大学大学院ガバナンス研究科 博士前期課程修了

渡辺寛之（わたなべ ひろゆき）：第 2 章・第 6 章執筆
　　岡山商科大学経済学部 講師

伊部泰弘（いべ やすひろ）：第 3 章執筆
　　新潟経営大学経営情報学部 教授

河田賢一（かわだ けんいち ）：第 5 章執筆
　　常葉大学経営学部 教授

水野清文（みずの きよふみ）：第 7 章執筆
　　名古屋学院大学商学部 教授

末田智樹（すえた ともき）：第 8 章・第 9 章執筆
　　中部大学人文学部 教授

編著者紹介

松井温文（まつい あつふみ）
1964 年 大阪府門真市生まれ
現在 岡山商科大学経営学部 教授

地域経済と流通

2023 年 4 月 8 日　第 1 版第 1 刷発行

編著者：松井 温文
発行者：長谷 雅春
発行所：株式会社五絃舎
　　　　〒 173-0025　東京都板橋区熊野町 46-7-402
　　　　Tel & Fax：03-3957-5587
　　　　e-mail：gogensya@db3.so-net.ne.jp
組　版：Office Five Strings
印　刷：モリモト印刷
ISBN 978-4-86434-161-5　C3063
Printed in Japan　検印省略　ⓒ 2023